영리한 사람은 거의 모든 것을 우습게 보지만,
분별있는 사람은 아무것도 우습게 보지 않는다.
요한 볼프강 폰 괴테

사람들은 시간이 사물을 변화시킨다고 하지만,
사실 당신 스스로 그것들을 변화시켜야 한다.
앤디 워홀

아는 자들이여, 실천하라.
이해하는 자들이여, 가르쳐라.
아리스토텔레스

복잡한 세상의 현자

복잡한 세상의 현자

펴낸날 2023년 11월 30일 1판 1쇄

지은이 주벤
옮긴이 김가경
펴낸이 김영선
편집주간 이교숙
책임교정 정아영
교정교열 나지원, 이라야
경영지원 최은정
디자인 바이텍스트
마케팅 조명구

발행처 ㈜다빈치하우스-미디어숲
출판브랜드 더페이지
주소 경기도 고양시 덕양구 청초로 66 덕은리버워크지산 B동 2007호~2009호
전화 (02) 323-7234
팩스 (02) 323-0253
홈페이지 www.mfbook.co.kr
출판등록번호 제 2-2767호
값 17,800원
ISBN 979-11-5874-205-8 (03300)

㈜다빈치하우스와 함께 새로운 문화를 선도할 참신한 원고를 기다립니다.
이메일 dhhard@naver.com (원고 투고)

불확실한 인생을
통찰하는 인생 성공 법칙

복잡한
세상의
현자

주벤 지음 · 김가경 옮김

더페이지

나의 분투를 모두가 알게 하라

　대학교 졸업 후 지금까지 눈 깜짝할 사이에 벌써 10년이 지나 버렸다. 하지만 학교를 떠나 베이징 시얼치의 거리에 서서 멍하니 바라보던 10년 전 그날의 정경은 지금도 여전히 기억하고 있다. 쏘아놓은 화살처럼 지난날들이 유난히 빠르게 지나간 것 같다. 정말 눈 깜짝할 사이에 지금에 이르렀다 해도 과언이 아니다.

　지금 이 순간도 나는 여전히 지난 시간들을 기억하고 있다. 칸칸이 파티션으로 나뉜 네모반듯한 사무실에서 밤새 코드를 프로그래밍하던 일, 다음 날 대표님이 내 코드의 버그를 찾아내서 인턴십 과정에 중도 하차하지는 않을까 하는 염려로 마음 졸이던 일, 회의실 밖에서 서성이며 회의장 내 상황을 궁금해하던 일, 차

상위 직급으로 승진될지 알 수 없어 현재의 직급에서 2년은 더 머무르게 되지는 않을까 하며 초조해하던 날들이 마치 어제처럼 생생하다. 까마득히 멀기만 했던 그런 목표들은 이미 어느새 실현되었고, 패기로 가득 찼던 20대의 청년은 30대 중반의 아저씨가 되어 버렸다. 이렇게 내 지난날을 돌이켜보니 모두에게 알려주고 싶은 한 가지가 있다.

'분투奮鬪한다는 것!'

그것은 '자신이 정한 목표를 향해 있는 힘을 다해 달려나간다'는 것으로 본인의 상상 이상의 노력이 수반되어야 하는, 엄청난 고통을 감내하며 불태워야 도달할 수 있는 삶의 이름이라고 말이다. 그러나 사실 나에게 있어 '분투'란 의미는 그렇지 않다. 내 목표를 향해 나아가는 모든 과정은 나에게 있어 전혀 고통스럽지도 않았거니와 이렇다 정의할 수 있을 만큼의 어떤 느낌도 들지 않는다. 내 곁엔 항상 SNS 계정에 글을 쓰고 그것을 공유하는 기쁨이 있었기 때문이다.

나는 '글을 쓴다는 것' 그 자체가 엄청난 에너지를 가지고 있어 등불처럼 주위를 점점 밝힐 수 있다는 것을 알려주고 싶다. 글을 쓰는 힘을 기르게 되면 그 힘이 결국 자신을 지켜 준다.

우리의 삶은 마치 게임 속에서 쓰레기를 줍는 것과 비슷하다. 어느 한 장소에 이르면, 먼저 그 장소를 뒤져서 쓸모 있는 것들을 찾아내고, 그 경험이 쌓여 자신의 능력치가 향상되면 이 쓰레기들을 고가치의 장비로도 만들어 낼 수 있다. 이런 고가치의 장비들은 효용 가치가 높은 도구로 능력치를 더 빨리 향상시키고, 더 많은 경험을 축적하게 해주어 전투력을 강화한다. '파워 법칙Power law(멱의 법칙 : 하나의 수가 다른 수의 거듭제곱으로 표현되는 두 수의 함수적 관계_편집자주)'이 적용되는 이 세상에서 투입한 노력에 대비한 성취 결과는 무서울 정도로 우리의 예상을 뛰어넘는다. 마치 눈덩이 불 듯 늘어나는 복리 이율처럼 파워 법칙의 성장 곡선은 처음에는 매우 느리고 완만하여 그 증가세가 미미하지만, 나중에는 눈에 띄게 가팔라진다.

우리는 물건을 줍는 시기에는 어떤 물건이 유용한지 미처 깨닫지 못할 뿐만 아니라, 심지어 이미 주운 유용한 물건마저 잃어버리거나 꼭 써야 하는 순간에 찾지 못하는 실수를 범하고는 한다. 우리의 삶은 마치 곰이 옥수수밭에서 옥수수를 꺾다가 다음에 발견한 옥수수가 마음에 든다고 먼저 딴 것을 버리고 다시 꺾는 것을 반복하는 형국으로 결국에는 수중에 아무것도 남지 않게 되는 경우가 허다하다.

이때 글을 쓴다는 것은 아주 유용하게 적용된다. 작문은 주운 쓰레기를 아무렇게나 방치하는 것이 아니라 쓰레기 하나하나마다 알맞은 장소를 찾고, 그 자리를 만들어 보관하는 것이다. 가장 효율적으로 새로운 것을 배우는 학습법을 전파한 세계적인 물리학자 '파인만Richard Phillips Feynman'이 강조한 '이해'의 정의는 다음과 같다.

"어떤 개념을 정확히 이해했다는 것은 자신만의 언어로 정확히 표현할 수 있어야 하며, 한 걸음 더 나아가 다른 사람에게 이를 전달할 수 있어야 한다."

이런 이해의 산물들은 서로 지탱하고 가지를 뻗어내어 과거에 습득했던 지식 트리와 연결된다. 글 쓰는 과정은 바로 이 배움의 과정과 같다.

누군가는 나에게 왜 잘 알지도 못하는 분야의 글을 쓰느냐고 묻곤 한다. 나는 궁금한 게 참 많은 사람이다. 잘 모르면 배워야 하고, 많이 배울수록 생각이 넓어져 문제 해결도 쉬워진다. 나는 끊임없이 글을 쓰고 이를 다른 사람들과 공유하며 정말 많은 것을 얻었다. 회사 내에서의 입지가 더 탄탄해졌을 뿐만 아니라 내 작품들도 확연히 보기 좋아졌다. 그리고 여기에 의외의 수확이 하나 더 있는데, 그것은 바로 점점 더 많은 사람들이 나를 팔로우하기 시작했다는 것이다. 이 글을 쓰기 전 내 팔로워 숫자는 이미 천만 명에 육박했다. 정말 상상도 못했던 일이다. 적지 않은 사람들이 내 글을 통해 깨달은 바가 많다고 해주었는데 대표적으로 지난번 『Grow up, 向上生長』을 출판한 후 베이징의 명문대학교 교수님들께서 제자들이 사회에 나올 때 이 책을 선물로 주었다고 한다. 내가 반복해서 닦은 이 등불이 그들이 걸어가야 할 길을 조금이나마 밝게 비추기를 소망한다. 책에 관련된 댓글 중에 독자들의 우울함을 달래준다는 글을 읽었을 때는 정말 기쁘기 그지없었다.

나는 항상 내가 잘 모르는 이슈를 연구해 보고 싶은 충동을 느낀다. 그래서 나에 대해 스스로 정의한다면 과학지식을 전파하는 정보생산형 미디어 크리에이터가 아니라 자기 계발 분야에 관심이 많고 그에 대한 생각을 공유하는 '관계지향형 미디어 크리에이터'라 칭하고 싶다. 다가올 날들에 만약 시간이 허락된다면 나는 글을 통해 계속 내 이야기를 나누어 갈 것이다.

독자 여러분의 이해와 성원에 깊이 감사드리며 내 부족한 글을 마치려 한다.

저자 주볜

차례

Chapter 1

선택과
집중

왜 우리는
익숙한 불행에 빠져드는가?

지금까지 살아온 개인적인 경험을 토대로 나는 살면서 절대로 하지 말아야 세 가지를 깨닫게 되었다. 만약 당신이 고달프고 힘에 부치는 우울한 삶을 살고 있다면 그것은 바로 인지하지 못한 채 계속 저지르는 이 세 가지 실수 때문이다.

첫 번째 실수 :
'불확실한 어려운 선택' vs '익숙한 쉬운 선택'

눈을 떠보니 하루아침에 벼락부자가 되었다는 이야기는 줄곧 내가 꿈꿔오던 삶의 목표였다. 나는 그 이야기 속의 주인공이 되기 위해 몇 년 동안 수많은 시도를 해보던 중 주식 투자에 눈을 뜨게 되었다. 실전 주식 투자에 앞서 나는 보통의 사람들처럼 모의 주식 투자를 통해 그 가능성을 점쳐 보기로 했다. 해보지 않으면 알 수 없는 법, 나는 모의 주식 투자를 통해 내가 투자의 신이라는 것을 알게 되었다. 만약 모의 주식 투자 시장에서 운용하는 사이버머니가 아니었더라면 선물 옵션에 투자해서 얻은 차익은 나에게 경제적 자유를 선사했을 것이다. 모의 투자를 통해 자신감을 얻은 나는 일말의 망설임 없이 바로 주식시장에 뛰어들었고, 결국 뼈아픈 실패의 교훈을 맛보게 되었다.

몇 해가 지나 나는 사모펀드를 운용하는 친구와 내 주식 투자 실패담을 나누게 되었다. 그 친구는 주식 투자로 돈 벌기가 어려운 것은 결코 주식시장에서 사용하는 용어가 어렵고 낯설어서가 아니라고 했다. 의사가 환자를 진료할 때 필요한 기술이 있는 것처럼 주식 투자에도 차트 분석 등 일정한 기술들을 겸비해야 하는데, 이보다 더 결정적인 이유는 투자 과정이 자기 자신과의 싸움과 같이 지루하기 때문이라는 것이다.

어떤 예기치 못한 상황에 직면하게 되면 우리는 그 일을 해결하기 위해 여러 생각을 떠올리다가 실현 가능성 있는 몇 가지 방안을 강구해 낸다. 그중 최적의 방안을 선택한 후에 실행에 옮기게 되는데 문제는 대부분의 사람이 이 과정에서 '최적의 방안'이 아닌 '제일 쉬운 방안'을 선택한다는 것이다. 그러고는 그럴싸한 합당한 이유를 찾아 '쉬운 선택'이 가장 '최적, 그리고 최선의 선택'이었다며 안도한다.

주식시장에서 가장 위험한 두 가지가 바로 '쉬운 선택'과 '군중심리'이다. '왜 주식은 항상 내가 사면 떨어지고 내가 팔면 오를까?' 정말 이유를 몰라서 물어보는가? 나와 주식시장의 일반 투자자들이 하는 행동 양상이 비슷하기 때문이다. 이들은 거래량이 폭증하는 시기에 구름떼같이 주식시장에 몰려든다. 평소 주식에는 관심도 없다가 일정 기간 주가가 상승하고 주변에 주식으로 돈을 벌었다는 소문이 들리기 시작하면 그제야 주식시장에 뛰어드는 것이다. 이들이 대량 매수하며 뛰어든 시점은 사실상 주가 대폭등 단계의 마지막 단계로, 떨어지기 시작하는 시점이다. 그렇게 '주가 폭락'을 맛본 사람들은 주식시장에 냉담해졌다가 대폭등 시장의 끝자락에 다시 유입된다.

그렇다면 이들이 기다리는 수익 실현 시점은 도대체 언제일까? 만약 당신이 장기 투자자라면 주가가 폭락하든 말든 별다른 영향을 받지 않을 것이다. 예를 들면 주가가 며칠 사이에 폭락한 것처럼 보여도 사실상 20% 하락했을 뿐이며, 주가지수나 펀드 수익률은 전년 대비 두 배 이상 상승했을 수도 있다는 것을 알아야 한다.

주식 투자 성적이 참담한 것은 주로 잘못된 매수 시기 문제로, 너무 늦게 주식시장에 들어왔거나, 본인이 심사숙고해서 매수 시기를 선택해서 들어온 것이 아니라 몰려드는 다른 사람들을 따라 시장에 들어왔기 때문이다.

초보 주식 투자자들에게 첫 주가 폭락은 고통스럽겠지만, 고수들에게 이는 악재가 아니라 다음 주식 호황기의 시작을 알리는 예고이다. 고수들은 떨어질 대로 다 떨어진 후에야 매입을 시작하지만 초보자들은 고점에서 매수한다.

이렇게 여러 해 동안 셀 수 없을 정도의 많은 사람이 같은 시기에 같은 생각을 갖고 똑같이 행동하게 된 것은 우연이 아닌 필연적 결과이다. '불확실한 낯선 행복'과 '익숙한 불행' 중에 '익숙한 불행을 안전하다'고 느끼는 것처럼 대부분의 사람들은 내가 실천하기에 힘든 '어려운 선택'보다는 지금 당장 내가 할 수 있는 '쉬운 선택'을 선호하는 경향이 있기 때문이다.

주식시장의 기관투자자들은 모두 손절매loss cut, stop loss라는 기준을 사전에 설정해서, 매입 시점 대비 일정 비율 이상 주가가 하락하면 자동으로 매도되게 하여 더 이상의 추가적인 손실을 막는 방법을 취하고 있다. 손절매는 감정이입을 철저히 차단한 상태에서 미련 없이 어느 종목을 버리고 정리해야 하는지를 한눈에 알아볼 수 있게 정리해 주는 장치다.

우리 생활 곳곳에서도 이런 상황은 흔히 벌어지고 있다. 접해 보지 않은 새로운 상황에 직면하면 대부분의 사람들은 '우선 좀 두고 보자'는 식의 전략을 선택한다. 시간이 저절로 해결해 주기를 바라거나, 묘안이 떠오르지 않아 지켜보자는 심산인 것이다. 그러나 어떤 일이든지 시작하는 초기 단계에서의 난도가 가장 낮기 마련이다. 대체로 가격이 저렴한 주식과 부동산은 사람들의 이목을 끌지 못한다. 그러다 가격이 올라 여력이 안 될 때까지 비싸지고 나면 사람들은 관심을 보이고 구매하려는 경향을 보인다. 흔히 말하는 '떨어지는 칼날을 잡는 개미' 또는 '영혼까지 끌어모은 부동산 호구'가 되는 것이다.

얼마 전 부동산 시장에서 10배 수익을 낸 사람은 굉장히 많은데 주식시장에서 10배 수익을 얻은 사람은 거의 없다는 말을 들었다. 그러나 이는 시장의 차이가 아니다. 대다수의 사람들은 평소에 자기 집이 얼마인지 수시로 알아볼 여력이 별로 없고 집을 팔아서 현금화하기도 어렵다. 이와 반대로 주식은 언제든지 시장가격을 조사할 수 있고 사고팔기가 용이하다. 이 때문에 특정 기간을 정하고 두 시장의 투자 결과를 비교하는 것은 적합하지 않다.

인간이 행복을 느끼는 조건은 다 다르지만 고통을 느끼게 하는 것들은 비슷하다. 사람의 생각은 모두 달라서 생각의 방향은 천 갈래, 만 갈래로 향할 수 있지만, 행동으로 옮기는 실천 단계에 이르면 모두 비슷해진다. 고통을 피하고 싶어 하기에 대다수의 사람들이 '쉬운 선택'으로 방향을 정하기 때문이다. 그 선택의 결과가 어떤 결과를 가져오게 될지는 깊게 고려하지 않은 채 '어렵고 불편한 선택'보다 '쉽고 편한 선택'을 하는 것이다.

'쉬운 선택'을 통해 얻는 쾌락은 일시적으로 당장은 나에게 큰 만족을 준다. 하지만 '쉬운 선택'은 미래의 행복을 끌어다 쓴 대가로 지속되는 고통을 감내하게 한다. 이것은 마치 온라인 게임에서 낮은 난도의 옵션을 선택한 것과 같다. 라이트 유저들이 쉽게 접근할 수 있는 낮은 난도를 선택한다면 확실히 쉽게 금방 게임을 즐길 수 있겠지만, 경험치와 보상을 얻을 수 없기 때문에 등급도 올릴 수 없다. 이렇게 쉬운 게임만 하다 보면 결국 성취의 즐거움을 맛보지 못한 채 완전히 게임을 멈추게 된다.

나는 모의 투자 세계에서 어떻게 투자의 신이 될 수 있었을까? 이유는 간단하다. 가상 세계에서는 내가 치러야 할 매몰 비용이 없어 어떤 선택을 해도 고통스럽지 않기 때문이다. 현실 세계에서 내리는 결정은 기회비용 또는 매몰 비용의 대가를 지불해야 하기 때문에 확실한 성공이 보장된다고 하더라도 이를 감행할 엄두가 나지 않는다. 그래서 고달프고 힘에 부치는 우울한 삶을 영위하게 만드는 첫 번째 실수를 '쉬운 선택'이라 한 것이다. '쉬운 선택'을 10년, 20년 지속하다 보면 삶의 선택지가 서서히 적어짐과 동시에 점점 고통스러운 선택지만 남게 될 것이다.

두 번째 실수 :

나 혼자 산다 - 고립무원孤立無援

유명한 홍콩 배우 오맹달이 유명을 달리한 후 세간에는 주성치와 오맹달의 불화설이 일었다. 사실 주성치와 가까운 지인들은 그가 영화 속에서 보이던 밝고 천진난만한 모습은 허상이며, 현실 세계에서의 성격은 괴팍하기 그지없다고 말한다. 하지만 적지 않은 사람들이 이 두 사람의 관계가 소문처럼 나쁘지는 않았고, 그가 인품이 나쁘기보다는 누구에게나 그저 냉담하게 대하는 사람일 뿐이라고 평가한다.

그 이면을 들여다보면 사람들은 주성치의 천진난만한 개구쟁이 이미지를 좋아했는데 정작 본인은 자신의 그런 이미지가 탐탁지 않았다. 그래서 데뷔 후 시간이 흐르면서 더 이상 코믹한 연기를 하지 않겠다고 결심했다. 이에 대중들은 '그의 영화 스타일이 변한 것 같다, 예전만 못하다, 초심을 잃었다'고 평가하는데 그 이유가 바로 여기에 있다.

주성치 배우 자신이 결코 그런 것을 좋아하지 않았기 때문이다.

이런 사람들은 우리 주변에서도 흔히 볼 수 있다. 자신만의 작은 세계에 빠져 헤어 나오지 못하고 완전히 고립되어 누구와도 거리를 둔 채 나 혼자 사는 사람들 말이다. 주성치 배우가 힘들고 우울한 생활을 하는지는 알 수 없지만, 주변에 이런 사람들은 대개 일상이 평온하지 않다.

괴팍한 것은 일종의 하향 순환이다. 스스로 마음의 문을 걸어 잠그고 다른 사람들이 다가올 기회를 주지 않으면 대부분 상대방은 자신을 싫어한다고 생각해 거리를 둔다. 그러면 자연히 피상적인 관계가 되고, 이런 관계가 늘어나면 점차 주위에는 나를 이해해줄 이 하나 없는 상태가 되면서 폐쇄적 성향이 더욱 강해지게 된다.

대인관계가 인간 두뇌에 미치는 영향을 분석한 논문을 보면, 사회적 유대를 통해 얻는 친밀한 관계는 진통제의 한 종류인 이부프로펜의 효능과 비슷한 힘을 가지고 있다고 한다. 우리가 사회적 교류를 통해 얻는 기쁨은 통각 수용체를 억제하고 통증을 멈추게 하는 작용을 한다. 이와 반대로 괴팍한, 즉 까다롭고 별난 사람

25

들은 사교적인 사람들에 비해 우울증에 더 취약하다. 이는 관계를 통해 얻는 기쁨, 슬픔, 즐거움, 화, 사랑, 증오 등 인간의 7가지 감정인 칠정을 담당하는 대뇌 영역이 오랫동안 활성화되지 않아 서서히 그 기능을 잃기 때문이다.

사람이 삶을 살아가는 것은 대학 입시를 치르는 것처럼 단순하지 않다. 학교 교문을 나온 어른의 삶은 자신의 의지와 노력으로 가고 싶은 대학과 학과를 정할 수 있는 입시와는 사뭇 다르다. 대학을 졸업하고 사회에 나오게 되면 혼자 할 수 있는 일은 거의 없다는 것을 알게 된다. 각자의 노력에 따라 공평하게 '1 vs 1'로 경쟁에 참여할 수 있는 기회는 졸업과 동시에 찾아보기 힘들다. 동기뿐 아니라 선배 또는 후배와 함께 경쟁의 무대에 올라 겨뤄야 하는 상황에 놓이게 되고, 또 겨뤄야 하는 대상들의 체급이나 출발선이 모두 같은 것도 아니다. 이때 자신의 능력만으로 모든 것을 이뤄내길 바라는 것은 실현 가능성이 너무 낮은 이상적인 바람일 뿐이다.

살다 보면 다른 누군가의 정서적 혹은 물질적인 도움이 항상 필요하다. 자신보다 경험이 더 풍부하고 현명한 이의 지혜와 언제나 내 이야기에 귀를 기울여 주는 친구가 있어야 한다. 그래야만 내가 걸어가는 길에서 경로를 이탈하는 것을 막을 수 있다. 삶을 대하는 괴팍한 생각과 태도는 몸과 마음의 건강에 좋지 않을 뿐만 아니라 커리어에도 해롭고 불리하다. 괴팍한 사람들은 스트레스를 더 많이 받는 반면 얻는 동력은 더 적다.

고립무원에서 벗어나기 위해 어떻게든 사회적 관계를 맺어야 한다고 권하는 것은 아니다. 그러나 스스럼없이 연락할 수 있는 친구는 반드시 한두 명 이상 있어야 한다. 평소에 서로의 생각이나 사소한 기쁨과 슬픔을 나눌 누군가가 있다면 당신의 삶은 더욱 풍요로워질 것이다.

그래서 고달프고 힘에 부치는 우울한 삶을 영위하게 만드는 두 번째 실수를 '나 혼자 산다'라고 한 것이다. **만약 혼자만의 세상에 갇혀 아무도 상대하고 싶지 않다면 괴팍해져라. 영락없이 당신은 영원히 혼자가 될 것이다.**

세 번째 실수 :
돌다리만 두들기면 어디도 갈 수 없다

'돌다리도 두들겨보고 건너라'는 속담처럼 우리는 어릴 때부터 어떤 일을 시작하기 전에 꼼꼼히 준비사항을 체크하고 시작하라는 주입식 교육을 받아왔다. 하지만 체계적인 엘리트 교육 시스템을 갖춘 어떤 국가에서는 "먼저 하라. 그러고 나서 생각해라"라는

Chapter 1. 선택과 집중

원칙과 '인턴의 법칙'의 중요성을 강조한다.

우리도 지난 시간을 되돌아보면 대학교 4년 동안 배운 것보다 몇 달 동안 인턴 생활을 하면서 배운 게 훨씬 더 많다고 느끼지 않는가? 이는 당연한 일이다. 대학교 교육 시스템을 부정하겠다는 게 아니라 인턴 기간의 학습 커리큘럼이 훨씬 더 효과가 좋다는 것이다. 인턴 기간에 우리는 직접 일을 해볼 실습의 기회를 통해 학습의 효과를 경험한다. 이렇게 배운 것을 바로 실전에 적용해볼 수도 있다.

무엇이든 가장 빨리 배울 수 있는 시기는 바로 대학을 갓 졸업한 3년 동안이다. 비록 준비가 부족한 상태이지만 여러 상황을 고려하지 않고 저돌적으로 달려들 수 있기 때문이다. 이는 기업이나 개인 모두 마찬가지다.

만약 다가올 고난과 시련을 미리 인지했다면 이 시대를 변화시킨 그 많은 일들도 절대 일어나지 않았을 것이다. 아니 오히려 사람들은 두려움에 뒤로 물러나 주저앉았을 것이다. 심지어 지금 성공한 기업인들도 창업 초기 당시에는 가슴속에 차오르는 뜨거운 혈기 때문에 다가올 수많은 시련과 고난을 전혀 예상치 못했다. 만약 처음부터 그렇게 어렵다는 것을 알았다면 시작도 하지 않았을 것이라고들 말한다.

10년 전 자동차 업계에서는 친환경 미래 에너지를 사용하는 차들을 낙관적으로 평가하지 않았다. 배터리 가격이 너무 높은 탓에 경쟁력이 없어 대중에 보급할 수 있는 방법이 전무했기 때문이다. 그래서 이때는 수소에너지를 차세대 대체에너지로 더 높게 평가했었다. 그러나 지난 10년 동안 메이저급 배터리 제조기업의 끊임없는 노력과 전기차의 판매량 증가, 배터리 응용 연구 등 과학 연구 분야에 대한 막대한 연구자금 투입으로 전기차의 배터리 원가는 10년 전에 비해 90% 감소하였다. 저렴해진 배터리 원가로 전기차는 오늘날의 대세가 되었고 수소에너지 차량에 대한 수요는 점점 줄어들고 있다.

만약 어떤 아이디어가 있으면 먼저 적은 자본으로 시작해 보는 것도 나쁘지 않다. 조금씩 바꿔가고 실행해 옮기고 또 배워가는 것이다. **도중에 맞닥뜨리는 문제들을 항상 가장 완벽한 방법으로만 해결해야 하는 것은 아니다. 가장 무식한 방법으로 해결했다 하더라도 완벽함만 추구하다가 해내지 못하는 것보다는 낫다.** 사전에 너무 많은 것을 생각하다 보면 쉬운 결말도 맺지 못하게 마련이다. '하나를 보고 열을 안다'는 말이 있지만 열을 보고 하나를 알 수도 있다. 작은 부분에서 시작해 전체를 파악하거나 전체를 먼저 살펴 구성 하나하나의 작은 부분을 이해하는 것 모두 같은 논리이기 때문이다.

행함(실천)은 아는 것(지식)보다 중요하다. 어떤 일을 해야 한다면 이것저것 생각하지 말고 우선 움직여야 한다. 안전하고 보장된 성공을 위해 돌다리만 두들기다 보면 결국 건너야 할 강 근처에서 맴돌다 주저앉고 말 테니까.

부를 위해 기필코 통과해야 할 세 개의 좁은 문

만약 인생을 끊임없이 퀘스트를 달성해서 등급을 업그레이드 해야 하는 게임에 비유한다면, 우리에게는 반드시 거쳐야 하는 세 개의 좁은 관문이 있다.

제1 관문:

교육의 문

지금까지의 삶의 경험에 비추어보면 교육은 두 가지 의미가 있다. 하나는 교육 그 자체가 '인증 메커니즘'이다. 심리학에서 의식적 또는 무의식적 상태로 어떤 행위를 성취시키는 과정을 메커니즘이라 하는데 기왕 '교육'이라는 인증 메커니즘이 반드시 거쳐야 할 과정이라면, 평소에 필요 없는 것들이라 할지라도 어느 한 방면의 재능이라도 찾아내는 것이 낫지 않을까? 만약 특별한 재능이 발현되지 않는 일반 사람들이라면 이들에게는 '근면·성실함'이라는 강력한 무기가 있다. 이는 매우 강한 장점으로 많은 선발 요소 중 중요한 기준으로 삼고 있다.

학력은 스타트라인이다. 학위를 취득하면 직업적으로 많은 선택의 기회가 열릴 것이고, 또한 선발 경쟁에 있어 우위를 점할 수 있다. 학력이 낮은 사람은 특정 분야에서 모든 경쟁자를 압도할 수 있는 능력을 갖추지 않는 한, 오랜 시간을 들여야만 학력이 그 어놓은 출발선상에 도달할 수 있다. 그래서 졸업 후 몇 년 동안 학력은 여전히 많은 사람이 선발 경쟁에서 우위를 유지하는 하나의 기본 조건이 된다. 대학 입시라는 상대적으로 공정한 경기마저 잡지 못하면 뒤에 이어지는 후속 게임은 점점 더 어려워진다. 그래서 많은 이들이 수능 이후의 경쟁에 대비하기 위한 무기를 구비한다.

대학 입시는 사회에 1차적 계층화를 진행한다. 이 계층화를 통해 수준이 비슷한 사람들끼리 그룹화가 된다. 서로 다른 계층 간의 접촉은 점점 줄어들고 이해의 간극이 점점 멀어진다. 인터넷은 이러한 장벽을 무너뜨리는 데 일조하는 게 아니라 오히려 심화시키고 있다.

중국판 지식인이라 불리는 중국 최대 지식공유 플랫폼 '즈후知乎, zhihu'에 "월급 3만 위안(한화 약 550만 원) 받기가 정말 쉬운가?"라는 질문이 올라온 적이 있었다. 이 질문을 올린 사람은 중국의 중소도시(3, 4선 도시*) 학력의 청년이었다. 그는 자기 주위의 사람들을 둘러보았을 때 정말 능력 있다고 손꼽히는 책임자급의 사람만이 이 수입을 달성할 수 있다는 것을 발견하고 매우 허탈해졌다. 이 급여 수준은 평소 대도시의 인터넷 기업의 채용 공고에서는 대학교를 갓 졸업한 사회 초년생들이 받는 수입이었기 때문이다. 사회 초년생이 다른 이가 10년 동안 쌓아 올린 경력과 성취를 단숨에 넘어설 수 있는 것은 그가 보유한 기술이 특별하다기보다는 그가 속한 조직이 '부의 집중'이 이루어지는 업계에 속해 있기 때문이다.

이처럼 학력은 부가 집중되는 업계 진입을 위한 첫 번째 선발 기준인 이력서 심사에서 대부분의 경쟁자를 제칠 수 있게 해준다.

---

* **중국의 도시**: 중국은 23개의 성과 5개의 자치구, 4개의 직할시, 2개의 행정구로 구분된다. 도시 수만 338개 이상에 달하는데 그 도시를 1선 도시(一線城市) ~ 5선 도시(五線城市)로 묶는다.
  • 1선 도시(一線城市): 4개 도시 / 베이징, 상하이, 광저우, 선전
  • 신 1선 도시(新一線城市): 15개 도시 / 청두, 총칭, 항저우, 시안, 우한, 쑤저우, 정저우, 난징 등
  • 2선 도시(二線城市): 30개 도시 / 하얼빈, 창춘, 선양, 다롄, 스자좡, 타이위안, 쿤밍 등
  • 3선 도시(三線城市): 70개 도시 / 양저우, 하이난다오, 싼야, 하이커우 등
  • 4선 도시(四線城市): 90개 도시, 5선 도시(四線城市): 128개 도시

Chapter 1. 선택과 집중

결국 채용 담당자 입장에서 학력의 본질은 눈앞에 있는 지원자의 과거 10여 년간의 인생 성적의 총점을 확인할 수 있는 결산 증명서라 볼 수 있다.

만일 당신이 채용 담당자라면 유형적인 결산 증명서를 신뢰할 것인가, 아니면 보이지 않는 인품을 신뢰할 것인가?

물론 학력은 수많은 관문의 문턱 중 하나에 불과하다. 이보다 더 복잡하고 넘기 어려운 것이 있다. 최근 중국에서 유명해진 〈인민의 이름으로〉라는 드라마가 있다. 드라마 속 배경이 되는 한동성의 관료 시스템은 두 파로 나뉘는데, 하나는 정법政法대학 출신들이 주축으로 구성된 검찰계이고, 다른 하나는 공산당 지도 서기들로 구성된 서기계이다. 이로 미루어 짐작할 수 있듯이 이런 파벌은 우리 사회 곳곳에 널려 있다.

인간은 '사회적 동물'이라는 본성 때문에 조직에 속하고 싶어 한다. 부족 시대부터 답습해 온 이 습관은 이미 사람의 유전자에 뿌리를 두고 있기 때문에 습관적으로 어떤 작은 그룹이라도 그 안에서 온기를 느끼고 도움을 받고 또 언젠가 도움을 주며 훗날 요긴하게 쓰이는 인맥을 형성한다. 그러니 출신 대학을 중심으로 학연의 연결고리가 가장 많이 형성될 수밖에 없다.

공통의 공감대를 만들기 위한 토대, 교육

교육의 또 다른 의의는 바로 '공감대 형성을 위한 노력 비용의 절감'이다. 기본적으로 배경 지식이 비슷한 두 사람이 한자리에 앉아 토론하게 되면 기초적인 개념을 설명할 필요가 없다. 예를 들어 최근 유행하는 소설 『Sword Snow Stride, 雪中悍刀行』에 대해 이야기를 나누고자 할 때 이 책을 읽지 않는 사람과는 대화가 통하지 않는 이치다. 또 다른 예로 상업용 수학 소프트웨어인 MATLAB을 사용해 본 적이 없는 사람은 그 기능에 대해 아는 바가 없으므로 공학자들과 대화가 이루어질 수가 없다.

지식수준이 비슷한 사람은 공감대 형성이 되어 있어서 합의에 도달하기가 쉽다. 지식수준이 높을수록, 두뇌 회전이 빠를수록, 상황을 명료하게 꿰뚫어 볼 수 있다. '지식 함양'의 목적은 대화를 잘하기 위함이 아니라 협업을 더 잘하기 위해서다. 현대 사회에서 작업의 능률이 크게 향상될 수 있는 것은 의무교육으로 높아진 지식수준에서 기인한 것으로 볼 수 있다. 『만유인력』이나 『진화』, 『열역학 제2법칙』 등의 책을 읽어본 사람이 이 내용을 상식으로 여긴다면, 이 원리가 맞는지 아닌지에 대해 생각할 필요 없이 바로 이 원리에 입각해서 문제를 해결하면 된다. 이것은 마치 평소에 컴퓨터를 사용할 때 운영체계가 어떤 원리로 작동하고 있는지에 관심을 두지 않는 것과 같다.

교육은 모든 사람에게 동일한 운영체계를 설치하는 것이다. 예를 들어 빌딩을 짓는 것에 대해 토론하면 토대가 충분히 안정적으로 설계되었는지, 또는 이 빌딩이 완공된 후 성공적으로 분양이 될지 등에 관한 것이 토론 주제가 될 것이다. 이때 누군가가 갑자기 "우리가 건물을 지으면 동토動土*가 나지는 않을까?"라는 말을 꺼낸다면 어떻게 될까? 아마도 토론의 맥을 끊은 그 사람을 내쫓게 될 것이다. 토론에 참여한 다른 사람들과 지식 기반이 다르므로 이런 사람과 소통하는 것은 순전히 시간 낭비이기 때문이다.

이쯤에서 박사와 일반인의 차이에 대해 설명해 보고자 한다. 박사학위를 가진 사람과 일반인의 차이는 결코 지식의 양이 아니다. 이보다 큰 차이를 보이는 것은 '연구하는 습관'이다. 어떤 문제에 봉착했을 때 보통 사람들은 아마 지식인이나 구글 등의 포털 사이트의 검색엔진을 활용해서 문제의 본질을 파악하려 할 것이다. 그러나 연구 분야에서 체계적인 훈련이 된 박사들은 정기 간행물이나 영문 자료 조사 등 여러 가지 방식을 동원하여 이 문제를 철저히 규명하고 연구해서 문제에 접근할 것이다. 보통 사람들은 박사

---

* **동토(動土)**: 민속신앙의 지신(地神)이 다스리는 땅이나 나무, 돌을 잘못 건드려 재앙을 받는 일

들처럼 사고의 깊이가 심오하지도 않을뿐더러 문제를 깊이 파고들 수 있을 만큼의 강력한 '도구 라이브러리'를 가지고 있지 않다.

요즘 시대에 '도구 라이브러리'는 사람 그 자체보다 점점 더 중요해지고 있다. 오늘날의 현대인들이 소유하고 있는 '부'는 과거 2천여 년간 축적된 부를 합친 것보다 더 많다. 이는 현대인들이 진화되어 2천 개의 손을 가지고 있기 때문이 아니라, 고차원적 기술이 집약된 복잡한 도구들을 가지고 있기 때문이다. '도구' 그 자체가 인간을 초월하고 있는 것이다. 우주정거장이나 심혈관계를 수술하는 나노미터^{nm} 단위의 메스 외에도 축적된 논문 라이브러리, IT 종사자들이 일상적으로 사용하는 분산 소스 버전 관리 시스템인 Git, 동영상 편집 프로그램인 Final cut, 부자들이 많이 사용하는 신용 대부 크레디트 등 눈에 보이지 않는 도구들까지 모두 '도구 라이브러리'에 속한다. 시대를 앞서가는 복잡한 도구를 사용하여 단 몇 시간만의 작업량만으로도 도구 없이 몇 년 동안 해왔던 양보다 더 많은 일을 할 수 있고, 심지어 이 도구들이 없으면 도저히 해결할 수 없는 문제들도 있다.

자본 하나 없던 무일푼의 사람들이 동영상을 제작해 게재하면서 파워블로거, 유튜버 등의 크리에이터가 되었고, 인터넷이라는 도구를 사용하여 자신의 장점을 극대화했다. 얼마 전 뉴스에서는 학력이 낮은 두 청년이 블록버스터급 영화의 특수효과 제작팀에 합류하였다고 보도한 바 있다. 이 두 청년은 거의 무학에 가까운 학력이지만 특별한 기술의 도구를 겸비하였기에 경쟁력을 갖출 수 있었다.

우리가 잊지 말아야 할 것이 있다. 관계의 정의를 소홀히 해서는 안 된다는 점이다. 인터넷을 통해 새로운 것을 배우고, 새로운 기술을 습득하는 등 자아실현에 필요한 것을 얻는다면, 인터넷은 사용자의 도구가 된다. 그러나 인터넷에서 즐거움만을 찾고 자신의 시간과 돈을 투자해서 단지 정신적 만족만을 얻는다면, 역으로 사람이 인터넷의 도구가 된다. 사용자는 광고 등을 통해 얻은 수익으로 돈 한 푼 들이지 않고 누리는 행복으로 포장된 이 세계에서 당신은 제품일 뿐이다.

학력이 높고 낮음을 떠나 대부분이 이 '교육의 관문'에서 좌절을 맛본 경험이 있을 것이다. 인생이란 길은 매우 긴 여정이기 때문에 앞으로 판을 뒤집을 수 있는 기회는 아직 많이 남아 있다. 하지만 만일 누군가 길을 나서는 초입에서부터 불분명한 사고회로와 부실한 지식 기반으로 이성적으로 상황을 파악하지 못한 채 줏대 없이 엉뚱한 일에나 얽히고 다닌다면, 또 새로운 것은 멀리하고, 자신이 이해하지 못하는 것은 소홀히 대하는 태도로 살고 있다면, 그의 인생은 분명히 헤어 나올 수 없는 구렁텅이에 빠질 것이다.

우리는 왜 평생 배워야 하는가? 지식 자체의 가치가 높기도 하지만 우리 자신에게 원리를 이해하고 새로운 것을 배울 수 있는 힘을 길러주기 때문이다. 이런 공부하는 자세를 견지해야 기회가 찾아왔을 때 이를 회피하지 않고 새로운 것들을 깊이 탐구하고 수용할 수 있다. 예를 들어 몇 년 전 비트코인이 처음 등장했을 때 나는 비트코인이 신뢰할 수 없고 이해하기 귀찮은 물건이라 생각했었다. 지금도 비트코인에 대해 잘 알지는 못하지만, 이제는 많은 이들이 주목하는 새로운 문물이라는 것을 깨닫고 천천히 시간을 갖고 살펴봐야 할 가치가 있는 것이라 인지하고 있다.

'교육' 자체는 누구나 다 겪는 과정이지만 누구나 다 교육이 주는 진정한 의미를 깨닫고 그 혜택을 누릴 수 있는 것은 아니다. 이 것이 바로 우리 인생에서 넘어야 할 첫 번째 좁은 관문이다.

제2 관문:
직업의 문

사람이 일하는 기간은 길다. 대략 22세에 대학을 졸업하고 일을 시작해 65세에 정년퇴직을 하기까지 40여 년의 근무 기간이 있다. 이 중 향후의 직업 구도를 결정하는 시기는 졸업 후 사회에 첫발을 내디디면서부터 7~8년의 기간이다. 이 시간이 인생의 직업 노선을 결정짓는다. 시간이 흐를수록 방향을 전환할 수 있는 가능성이 점점 낮아진다는 것을 한눈에 알 수 있다.

직업은 두 종류로 나누어 볼 수 있다. 하나는 발전 가능성이 매우 제한적인 직업이다. 발전할 수 있는 한계가 명확하고 그 상한선 자체가 높지 않다. 유일한 장점은 '안정성'을 확보할 수 있다는 것이다. 다른 하나는 '안전성'은 장담할 수 없지만, 발전 가능성은 무궁무진한 직업이다. 만약 첫 번째 직업을 선택한다면 젊어서부터 어떠한 위험도 맞닥뜨릴 필요가 없는 '노년의 삶'과 같은 무료함을 감수해야 한다. 두 번째 직업을 선택한다면 얼마나 위로 올라갈 수 있고 얼마나 클 수 있을지에 대한 기대보다 이런 직업의 체계에 적응할 수 있을지, 얼마나 그 직업에 열정을 다해 매달릴 수 있을지를 고려해야 한다.

같은 일을 대할 때 어떤 사람은 놀듯이 즐겁게 하는가 하면, 어떤 사람은 뜨거운 감자를 손에 쥔 양 안절부절못하고 괴로워한다.

일에 대한 열정이 없으면 어떻게 개선할 것인지 생각하지 않을 것이고, 개선하지 않으면 자연히 그 난관을 헤쳐나갈 돌파구도 찾지 못할 것이다. 자신이 하든 또는 다른 사람을 시켜서 하든지 간에 나아지는 게 없다면 얼마 지나지 않아 동종업계 종사자들에게 금방 추월당하게 될 것이다. '티끌 모아 태산'이라는 말이 있듯이 졸업 후 5~6년이라는 시간도 쌓이면 사람과 사람 차이의 격차를 끝도 없이 벌릴 수 있다.

학교란 공간에 머무를 때는 사람 사이의 격차가 크게 눈에 띄지 않는다. 지식이라는 게 당장 돈으로 현금화할 수 있는 게 아니기 때문이다. 그러나 교문을 나와 사회에 들어서면 지식을 돈과 지위로 맞바꿀 수 있다. 사회에서 돈과 지위로 바뀐 지식은 사람과 사람 간의 격차를 벌리는 엄청난 힘을 발휘한다. 대학 졸업 후 20년이 지나 동창회를 했을 때 동창생들 사이에 '하늘과 땅 차이'의 신분 격차를 느끼게 되는 것이 바로 이 때문이다. 누적된 '양적 변화'는 수차례의 '질적 변화'를 거쳐 결국은 아예 '다른 차원'으로 나뉘게 된다.

얼마나 위로 올라갈 수 있는지의 본질은 바로 얼마나 가치를 제공할 수 있는지에 달렸다. 설령 아무것도 할 줄 모르는 사람이라 할지라도 처세술이 뛰어나다면 그 역시 일종의 정서적 가치를 제공하는 것이다. 이런 의미에서 사회에 진출한 후에는 끊임없이 자신의 가치를 드러낼 방법을 생각해야 하며, 이를 다른 이에게 어필할 수 있는 능력을 키워야 한다. 이 능력으로 중요한 자리에 올라 최종으로는 더 위로 올라가는 것이다. 주변에 인생의 경로를 전환한 사람이 몇 명 있는데 그중 한 사람은 창업했다가 실패했지만 '1인 미디어 크리에이터'로 크게 성공했다.

누군가는 자신이 몸담은 업계는 일을 많이 하든 적게 하든 능력은 중요하지 않고 학연, 지연, 인맥에 의해 모든 게 결정되기 때문에 희망이 없다고 말한다. 그런데 이도 어쩔 수 없는 일이다. 노력을 중요하게 여기지 않는 시스템을 선택하라고 등 떠민 사람은 아무도 없으니까. 결국 그 선택을 한 자신이 그 비용을 지불할 수밖에 없다.

선택의 기로에 서 있을 때 느리고 더 이상 볼 게 없다 싶을 정도로 무료한 삶을 받아들일 준비가 되었다면 '안정성'이 보장된 직업을 선택해도 된다. 하지만 그 대가는 비싸다는 것을 알아야 한다. 만약 받아들일 수 없다면 리스크와 불확실성을 감수하며 모험을 걸어봐야 한다.

며칠 전 선전深圳 인구의 80%가 자가가 아닌 세를 내고 살고 있으며 연봉만으로는 1제곱미터의 집도 구할 수 없기에 결국 많은 이들이 도시를 떠난다는 데이터를 보았다. 그러나 고향으로 돌아가도 별다른 뾰족한 수가 없다면 대도시에서 부딪쳐보는 것은 어떨까? 대도시에서 경험을 쌓다 보면 어쩌면 그 길이 아니더라도 다른 길이 보일지도 모른다.

'직업'을 우리 인생에서 넘어야 할 두 번째 좁은 관문이라 하는 이유가 바로 이것이다. 어떤 이들은 대학을 졸업하자마자 앞에서 언급한 어떠한 위험도 맞닥뜨릴 필요가 없는 안정적인 직업에 종사하는데 이런 사람들은 시간이 흐를수록 활동하는 공간에 제약이 생긴다. 또 어떤 이들은 직업 자체에 열정이 별로 없는데 이런 부류의 사람들은 결국 이 두 번째 관문을 넘어서지 못하고 갇히게 될 것이다.

제3 관문:
기회의 문

주변에 경제적 성공을 거둔 이들에게 어떻게 해서 큰돈을 만지게 되었는지 물으면 그들은 흔쾌히 이렇게 말할 것이다.

"우선 운이 좋았고, 긍정적인 피드백 루프positive feedback loop의 영향이 있었기에 단시간 내에 현 상황에 이를 수 있었다."

부가 축적되는 과정은 바로 이런 것이다. 직장에 다니며 돈을 벌고, 새로운 지식을 배우는 것과는 완전히 다르다. 요즘 중국에서는 돈을 벌 수 있는 기회를 '풍구風口(바람의 문)'라 칭한다. "태풍이 지나가는 길목에 서 있다가 휘몰아치는 바람에 올라타면 돼지도 하늘을 날 수 있다"는 말에서 유래한 표현이다. 이 바람의 문을 찾아 올라타기만 하면, 20%, 30% 수익률은 문제도 아니다. 인생 자체를 역전시킬 수도 있다.

일생을 살며 누구나 다 이런 천재일우千載一遇의 기회를 겪는다. 이런 기회는 큰 버블이라 할 수 있다. 하지만 이 버블이 꼭 나쁜 것만은 아니다. 사실 지금의 부동산도, 비트코인이나 주식도 모두 이 버블이 만들어 낸 신화다. 버블이 주는 기회를 잡으면 부가 축적되는 속도는 로켓이 하늘로 솟구치는 속도보다도 빠를 수 있다. 최근 10년 동안 부동산, 마오타이茅台, Moutai*, 비트코인, 인터넷 이 네 가지를 통한 '부의 신화'를 직접 눈으로 확인하였다. 어떤 사람들은 여전히 이 네 가지를 투자의 정도正道가 아닌 '투기'쯤으로 여기겠지만, 그래도 지금의 현실은 인정할 수밖에 없을 것이다.

이미 부를 거머쥘 기회를 놓쳤다고 생각하는가? 그런 걱정은 할 필요가 없다. 앞으로의 10년 동안에도 분명 여러 번의 기회가

---

* **마오타이(茅台 , Moutai)**: 중국 구이저우(贵州, 귀주) 지방의 명주(名酒)로 2004년 10위안에 불과했던 기업의 주가가 2021년 기준 2620위안(元)으로 260배 넘게 상승함.

있을 것이다. '부의 수레바퀴'는 이렇게 굴러간다. 한눈에 알아보기 쉽지 않을 뿐 어쩌면 지금 우리 눈앞에 그 기회가 와 있는지도 모른다. 시간이 한참 흐르고 난 뒤에 돌아보면 그제야 우리 주변에 많은 기회의 흔적이 있었음을 알게 된다.

나는 단지 이 이치를 설명한 것뿐이지 결코 모두에게 기회를 좇아 '바람의 문'을 찾아 나설 것을 권유하는 것은 아니다. 진짜 돈을 벌 수 있는 기회 뒤에는 엄청난 리스크가 있을뿐더러 각자가 감내할 수 있는 리스크의 정도는 다 다르기 때문이다.

주식으로 큰돈을 번 지인이 있는데 나는 그를 만나기 전까지는 주식시장에서 돈을 벌었다는 이야기를 믿지 않았다. 지인은 리스크에 대한 해석을 설명해 주었고, 나는 그의 해석이 꽤 설득력 있다고 느껴졌다. 그 지인은 지금 당장 재산의 10%가 사라진다 해도 본인이 느끼는 손실에 대한 충격은 크지 않을 것이라 했다. 현재 보유한 자산이 많아서가 아니라 없을 때도 크게 달라질 것이 없을 것이라 여기기 때문이다. 그 이유는 부모님이 어려서부터 돈과 투자에 대한 신조를 주입해 온 교육의 결과라고 했다. 이런 사람들은 주식 침체기가 장기화될 때도 많은 이들이 느끼는 불안감을 느끼지 않는다. 주식시장에 대한 이해가 깊어서 자신이 처한 상황이 위험이라 생각하지 않기 때문이다. 이것은 마치 숙련된 소

Chapter 1. 선택과 집중

방관이 관중들에게 소방 시연을 해 보이는 것과 같다. 가스통에 불을 붙이면 관중들은 모두 겁을 먹고 불안해하지만 정작 불 가까이에 있는 소방관 자신은 침착하다. 다년간의 경험이 쌓인 베테랑 소방관은 이 상황이 위험하지 않다는 것을 알기 때문이다.

이와는 반대로 '막대한 부'를 이루었으나 돈 버는 요령을 전혀 터득하지 못한 사람들도 있다. 장기투자 수익 노하우를 공유한 한 사모펀드 매니저는 누구나 일생에 한 번만 잘해도 판을 뒤집을 수 있다고 했다. 그 사모펀드 매니저의 작은 아버지는 약 10년의 세월에 걸쳐 마오타이 주식을 장기 매수하였다. 그가 이 주식 매수를 고집한 것은 우연한 실수 때문이었다. 주식을 사기 전에 기업에 대한 철저한 분석과 전망을 보고 이성적인 판단 끝에 내린 결정이 아니었다. 사모펀드 매니저가 대학생 시절에 우연히 우량예 五粮液, Wuliangye* 주식을 추천했는데 그의 작은 아버지가 주식 매입 시 우량예를 동종업계의 고량주 제조회사인 마오타이로 착각하여 매수를 시작한 것이다. 그의 작은 아버지는 계속된 실수 덕에 결국 엄청난 부를 거머쥐게 되었다.

---

* **우량예(五粮液, Wuliangye)**: 중국 쓰촨(四川, 사천) 지방의 명주(名酒)로 마오타이, 지엔난춘(劍南春, 검남춘)과 함께 중국 3대 명주로 손꼽힘. 2023년 기준 주가는 160위안(元) 수준.

작은 것이라도
배우고 함양하는 자세가 부에 이르는 길

'부의 축적'을 이룰 수 있는 두 가지 길이 있다. 하나는 선형적인 것으로 자신의 시간을 대가로 돈을 버는 것이다. 만약 고정된 사람에게 시간을 판다면 회사에 고용된 것이고, 직접 시장에 나서서 불특정 다수에게 판다면 프리랜서이고, 반대로 다른 사람의 시간을 사들인다면 그것은 창업이다. 이때의 시간 판매의 대가는 빨리 회수될 수도, 또는 느리게 회수될 수도 있다. 부를 축적할 수 있는 또 다른 하나의 방법은 예상치 못한 행운이 찾아와 이를 발판으로 일어서는 것이다. "자신이 상상할 수 있는 만큼만 돈을 벌 수 있다"라는 말들은 이런 의미에서 어불성설에 불과하다. 적은 돈은 인지에 의존하지만, 큰돈은 대운에 의존한다. 적은 액수의 돈은 이성이 인식한 상태로 수입을 창출하지만, 큰 액수의 돈은 행운이 따라줘야 한다는 뜻이다. 그러나 다가올 세상은 정보가 돈이 되는 세상으로 바뀌고 있기 때문에 인지에 대한 요구가 높아지고, 정보와 두뇌 없이 돈을 벌 수 있는 시대는 점점 역사의 뒤안길로 사라지고 있다.

그렇다면 이런 행운을 잡을 수 있는 방법이 있을까? 먼저 일을 통해 현금의 유동성을 확보해야 한다. 즉, 초기 자금^{seed money}이 있어야 하는 것이다. 초기 자금이 많을수록 이를 활용할 수 있는 방안이 많아지기 때문이다. 일반적으로 수익률 10% 대의 금융상품은 보통의 사람들에게 흥미를 끌지 못한다. 10%의 수익으로는 현재의 생활 수준을 벗어나기 어렵기 때문이다. 그러나 자본이 단위를 높여 10억 원의 10%로 가정해 보자. 10억 원의 연 10%의 수익은 1억 원이다. 실로 엄청난 수익이라 할 수 있다.

그다음으로 일정한 리스크를 감수해야 한다. 부와 리스크는 동전의 양면과 같다. 리스크가 존재하기 때문에 구미가 당기는 먹거리가 있어도 사람들이 쉽게 달려들지 못하는 것이다. 사람들은 어느 정도 안전성이 확보되어야 달려들기 시작한다. 이런 이유로 이제 부동산을 포함하여 '부의 신화'를 찾아보기는 점점 힘들어질 것이다. 그렇다고 부자가 되기 위해 자신이 감당할 수 있는 범위를 넘어선 리스크를 감수해서는 절대로 안 된다.

마지막으로 어느 영역이든지 버블은 하루아침에 생기는 것이 아님을 명심해야 한다. 우리 눈에 보이는 거품이 일어나기까지는 장기간이 소요되기 때문에 분석하고 연구할 시간은 충분하다. 부동산과 비트코인의 경우를 보더라도 이 논리는 입증된다. 일찍부터 많은 사람들이 부동산과 비트코인의 낙관적인 투자 전망에 대해 들어왔지만, 이미 오를 대로 오르고 나서야 시장에 들어오기 시작했다. 결국 거품이 일기 시작하는 단계가 아닌 꺼지는 마지막 단계(버블 붕괴)에서야 들어와 '호구'*가 되고 만 것이다.

모든 '기회의 문'을 통과하는 사람에게 주어지는 보상의 단계는 세 부류로 나눠볼 수 있다. 가장 먼저 문을 통과한 부류의 사람을 비유하자면 '고기를 먹는 사람들'로 가장 큰 수익을 보는 그룹이다. 두 번째로 통과한 사람들은 '국물을 마실 수 있는 사람들'이다. 그래도 여기까지는 부의 맛을 조금은 볼 수 있다. 하지만 마지막으로 통과한 사람들은 '고기를 먹고 국물을 마시기'는커녕 앞선 두 부류의 사람들이 먹은 음식값을 계산해야 할 형편이다.

그렇다면 내가 먹지도 않은 고깃값을 내지 않을 방법은 없을까? 아쉽게도 피할 방법은 없다. **우리는 막연히 행운이 찾아오길 기다리는 것보다 무엇이든 받아들일 수 있는 넓은 아량과 배우는 자세를 함양해야 한다. 기꺼이 새로운 것을 배우기를 즐기고 이해하기 위한 노력을 아끼지 말아야 한다.**

이런 글을 쓰는 목적은 맹목적 투자나 위험을 감수한 재테크를 권유하기 위함이 아니다. 이 책에 쓰인 것들이 모두 정답은 아니므로 오해하지 않기를 바란다. 앞에서 언급한 '좁은 문'들은 글자

---

* **호구** : 중국에서는 이런 사람들은 '부추(韭菜, jiucai)'라고 부른다. 우리나라에서 '팔랑귀'라고 하는 것처럼 힘없는 부추인 양 흔들흔들 주관 없이 휘둘린다고 해서 붙여진 별칭이다. 그래서 이들이 투자 손실을 입는 것을 '부추를 벤다'고 표현한다.

Chapter 1. 선택과 집중

그대로 좁기 때문에 모든 사람이 그 문턱을 넘어설 수는 없다. 지금까지 그 문을 통과하지 않았다면 더 이상 얽매이지 않아도 된다. 만약 통과했다면 '행운'에 감사한 마음을 가져야 한다. 단지 스스로 '운이 좋았다'는 것에 대해 인정하느냐의 문제일 뿐 문턱을 넘거나 못 넘은 개인들의 능력은 별반 큰 차이가 없기 때문이다. 그래도 항상 열린 마음가짐을 유지해야 한다. 새로운 것을 만났을 때 용감하게 진취적으로 배워나가면 언제가 뜻밖의 행운이 펼쳐질 것이다.

느리지만 깊고 강렬한
롱테일 효과

한 동료가 내 공식계정 SNS에 최근 이슈와 관련된 '검색이 많이 될 만한' 글을 좀처럼 쓰지 않는 이유를 물은 적이 있다. 이 질문에 대한 답은 바로 내가 2020년에 얻은 가장 중요한 깨달음 중 하나와 연관되어 있다.

예전에 내 글이 '핫 토픽hot topic(인기 검색어)' 순위에 한동안 오른 적이 있었다. 그 시기에 구독자 수가 기하급수적으로 늘어났는데 '이제 꽃길만 걷겠구나' 하는 생각까지 들 정도의 뜨거운 반응이었다. SNS상에 글을 쓰고 독자가 읽는 것은 상호 간의 소통을 의미하며, 콘텐츠가 독자를 선택하고, 독자 또한 콘텐츠를 선택하는 것이다. 그런데 매일 같이 '핫 토픽(인기 검색어)' 순위에 오르면 독자층 구조가 서서히 변하게 된다. 최신 '핫 토픽(인기 검색어)'에 흥미가 없고 삶에 대한 고찰 등 깊이 있는 내용에 관심이 있는 독자들은 빠져나가게 되고, 구경하듯 가볍게 읽는 독자들만 남게 된다. 구경꾼들이 많아져 북적대는 것이 나쁜 것은 아니지만, 다만 그런 독자들과 함께 있으면 나의 발전에는 한계가 온다.

그 후 나는 한 가지 재미있는 사실을 발견했다. 명망 있는 크리에이터들은 자주 '핫 이슈' 순위에 오르다가 더 이상 순위권 내에 진입하지 못하면 글을 쓰지 않는다. 이때 중요한 것은 '순위 변동'이 아닌 독자 팬덤fandom의 구조가 바뀌는 것이다. 기존의 독자층은 다시 돌아오지 않을뿐더러 글 쓰는 방향마저 좌지우지하려 한다. 팬들이 원하는 주제를 쓰지 않으면 '이 콘텐츠는 다루지 말아 달라'거나 '우리는 이 콘텐츠를 다룬 내용은 읽지 않겠다'며 야단법석을 떠는 바람에 작가가 갈피를 잡지 못하는 상황을 여러 번 보게 되었다. 이를 통해 나는 과감한 결단을 내렸다. 내가 쓰는 모든 글에는 반드시 유익한 지혜나 지식이 있는 내용을 다루어 내 글을 읽는 독자들이 무언가를 배워갈 수 있도록 해야겠다는 규칙을 정했다. 이렇게 하면 비록 내 글을 읽는 팔로워 수는 예전만 못하겠지만 독자층은 견고해지므로 내가 바라던 '쓰면서 배워가는, 끊임없이 발전하는 환경'을 조성할 수 있다.

천천히 가는 길이 결국에는
가장 빨리 가는 길이다

과거의 경험을 돌아봤을 때 기존에 해오던 정해진 노선을 따라 천천히 해나가면 이룰 수 있었는데 성급해지거나, 제풀에 지치거나, 혹은 다른 사람의 평가에 너무 신경을 쓰는 등의 감정 동요에 휘말리는 바람에 일을 그르친 경우가 너무 많았다. 여러 해가 지나고 나서야 실패로 끝난 일들이 기본적으로 '마인드 컨트롤의 실패'에서 기인했다는 것을 발견했다. 나도 한때 요즘 흔히들 이야기하는 심각한 '멘탈 붕괴'에 빠진 적이 있었는데 당시 '계정을 닫아버리고 절필할까'도 여러 번 생각했고, 심지어 실제로 한 번 계정을 닫아버린 적도 있었다.

모두 다 비슷한 경험이 있을 것이다. 그동안 이뤄내지 못했던 일, 실패했다고 생각되는 일들을 곱씹어 생각해 보면 개인의 능력이 부족해서가 아니라 그때 당시의 생각이 너무 시대를 앞섰거나, 혹은 성공을 위해 너무 성급하게 일을 추진하다가 스스로 함정에 빠진 경우가 대부분이다.

글을 쓰는 과정에서 나 역시 종종 비난 세례를 받곤 한다. 부족한 점을 일깨워 주는 선의의 비평도 있고, 악의로 가득한 비난을 위한 비난도 있다. 이는 내가 어떻게 할 수 없는 일이다. 예전에는 이런 비난들이 걸림돌이 되어 나 자신에 대한 의구심에 빠지곤 했지만, 지금은 전혀 개의치 않는다고 말할 수 있을 정도로 내성이 생겼다. 그중 재미있는 사실 하나는 팔로워 수가 200명 남짓 할 때부터 "글이 예전만 못하네"라는 평을 들었는데 수백만의 팔로워 수를 보유하게 된 지금도 똑같은 소리를 하는 사람이 있다는 것이다. 다시 생각해 보아도 이것은 확실히 내가 어찌할 수 없는 일이다. 무슨 일을 하든지 간에 나를 싫어하는 사람은 있게 마련이다. 만약 타인의 부정적인 평가에 계속 신경이 쓰이고 휘둘리는 것이 싫다면 아무 일도 하지 않으면 된다.

마인드 컨트롤에 실패하면 일을 그르치기 쉽다. 이를 반증하는 사례는 주위에서 쉽게 찾아볼 수 있다. 비트코인, 전기자동차, 태양광 발전소, 중국 명주(고량주) 기업 등에 일찍부터 투자한 사람 중에 투자 수익을 크게 얻은 사람은 거의 없다. 엄청난 고가의 주식들을 아주 낮은 단가에서부터 매수하였지만 그들은 현재 오히려 돈을 벌지 못했다. 주식은 변동 속에서 가격이 상승하기 때문이다. 대부분의 사람들이 가격이 오르고 내리는 파동을 겪으며 매매를 반복하는데 결국 최종 매매 투자 성적을 보면 전혀 수익이 없는 상태다. 그래서 무슨 일을 하든지 간에 '안정된 정서'가 가장 중요하다. '감정을 배제'하는 것이 가장 이상적이라고 볼 수 있다.

나는 얼마 전 중국판 지식인이라 불리는 중국 최대 지식공유 플랫폼 '즈후(知乎, zhihu)'에 올라온 "기술직에 종사하면 평생 일할 수 있을까요?"라는 질문을 본 적이 있다. 사실 '기술직을 평생 할 수 있느냐'는 질문은 '기술직으로 평생 돈을 벌 수 있느냐'는 질문과는 엄연히 다른 차원의 질문이다. 일을 계속할 수 있을지 여부는 직업 구조의 변화가 아닌 정작 자신의 마음가짐에 달려있다. 기술직을 선택한 당신은 다음과 같은 이유로 아주 천천히 참혹한 고통을 맛보게 될 것이기 때문이다.

1. 당신의 가장 친한 친구가 승진하고 봉급이 올랐다. 하지만 당신은 그렇지 않다.
2. 당신의 대학교 동창생은 부자가 되었다. 하지만 당신은 그렇지 않다.
3. 당신의 친척이 월급이 올랐다. 하지만 당신은 그렇지 않다.

'공대를 졸업하면 전망은 밝다'고 하지만 앞서 기술한 이런 상처들을 안고 살아가기에는 역부족이다. 아마 30대에 기술직을 하고 있다면 수천만 원 대의 연봉을 받고 있을 것이다. 다른 사람들은 충분히 부러워할 액수지만 정작 자신은 속상할 수도 있다. 사업을 하거나 금융계에 종사하는 주위 사람들의 수입은 당신의 연봉을 훨씬 웃돌기 때문이다. 이런 불만족스러운 상황이 지속되면

55

자기 균형이 깨지게 되고 결국 자신의 직업에 염증을 느끼게 된다.

최근에 어느 날 갑자기 절필을 선언한 유명한 웹 작가들을 몇 명 알게 되었다. 수많은 독자를 거느리고 있는데 왜 절필하는지 도통 이해할 수 없지만 아마도 슬럼프에 빠졌거나, 악플에 상처를 받았거나 혹은 팔로워 숫자가 줄었거나 하는 등의 이유로 마음이 무너져버렸기 때문일 것이다. 다른 사람의 눈에는 괜찮아 보여도 작가 자신이 실의에 빠져 더 이상 견딜 수 없다고 느끼게 되면 글 또한 더 이상 사람을 끌어들이는 매력을 잃어버리게 된다. 이를 통해 나는 '심리적 붕괴'와 맞설 수 있는 사람만이 성공의 신이 될 수 있다는 것을 알았다. 다른 사람이 뿌린 흙탕물, 타성에 젖은 마음, 다른 사람과의 비교로 인한 상대적 박탈감 등 이런 고통이 지속될수록 마음의 상처는 더욱 악화된다.

데이터의 노예가 되지 않게
느리지만 깊은 가치를 공유하라

다시 처음의 화두로 돌아가 보자. 인터넷 문학 작가가 '핫 토픽(인기 검색어)' 순위 트래픽에 익숙해지면 자기 회의에 빠지기 쉽다. 이 트래픽traffic*은 원래 접속자 수에 따라 움직여서 변동성이

---

* **트래픽(traffic)**: 서버와 스위치 등 네트워크 장치에서 일정 시간 내에 흐르는 데이터의 양으로, 웹 사이트에 트래픽이 많다는 것은 사용자 접속이 많아서 전송하는 데이터의 양이 많다는 뜻이다.

강하기 때문에 감정이 트래픽의 숫자에 맞추어 요동치기 시작하면 심신 건강이 안정적인 상태를 유지할 수가 없다. 또 '핫 토픽(인기 검색어)' 순위의 유통기한은 하루 이틀밖에 되지 않는다. 그래서 이 짧은 시간이 지나고 나면 더 이상 볼 수 없게 되는데 이점이 바로 내가 추구하던 이상들과 위배되는 점이다.

스스로 무엇인가를 창조해 내는 일과 회사에 출근해서 하는 일에는 분명한 차이가 있다. 가장 큰 이유는 롱테일 법칙Long Tail theory* 때문이다. 출근해서 회사가 원하는 제품을 만들어 낸 대가, 즉 회사가 요구하는 가치를 창출해 낸 대가로 월급을 지불받는다. 그 순간 개인이 느끼는 성취감은 사라진다. 향후 이 제품이 얼마나 고가에 팔릴지, 스테디셀러가 되어 몇 년간 사랑받게 될지 등은 모두 개인의 성취와는 상관이 없다. 설령 이 제품으로 인해 회사가 초우량 초대형 기업으로 성장한다고 해도 개인의 발전과 직접적인 상관관계는 성립되지 않는다.

그러나 자신이 직접 창의적으로 만들어 낸 유·무형의 제품을 유통, 판매까지 하게 된다면 이야기는 달라진다. 이 가치를 창출

---

* **롱테일 법칙(Long Tail theory)**: 긴 꼬리 법칙이라고도 불리며 80%가 20%보다 뛰어난 가치를 창출한다는 이론이다. '결과물의 80%는 조직의 20%에 의하여 생산된다'는 파레토법칙과 상반된 이론으로 80%의 '사소한 다수'가 20%의 '핵심 소수'보다 뛰어난 가치를 창출한다는 이론이다. 넷플릭스(Netflix)나 아마존(Amazon) 등의 특정 비즈니스 모델을 설명하기 위해서 대표 IT 잡지인 와이어드(Wired)의 편집장인 크리스 앤더슨(Chris Anderson)에 의해 처음 명명되었다.

하는 일련의 성취 과정에서 무작위 효과(랜덤 효과)와 롱테일 효과를 경험하게 된다. '무작위성'이란 어떤 일에 특정한 패턴이 없어 예측이 불가능한 것으로 행위자의 의지가 결과에 반영될 수 없고 그 결과를 예측할 수도 없다. 이는 당신이 창조해 낸 제품이 시장에서 크게 인기를 끌지 못할 가능성도 있지만, 인생이 바뀔 정도로 크게 대박이 날 가능성도 있다는 뜻이다. 오늘 당신이 한 편의 글을 써서 SNS상에 게재한다면 아마 그 글은 내년에도 어떤 팔로워에 의해 읽히고 있을 것이다. 여러 편의 글이 SNS상에 등재되면, 한 편 한 편의 글들이 만든 팔로워들의 행렬, 즉 거대한 긴 꼬리가 생기는데 이를 롱테일, '긴 꼬리 효과'라 한다.

사람은 항상 선택을 해야 한다. 짧은 호흡으로 단기간에 승부를 볼 것인지, 긴 호흡으로 장기간에 걸친 노력을 투사할 것인지 혹은 목표에 빨리 도달할 수 있는 방법을 선택할 것인지, 천천히 느리게 가도 자신이 추구하는 이상을 따를 것인지 등 모두 자신이 행위의 주체가 되어 능동적으로 선택해야 한다. 최소한 자신이 데이터의 노예가 되어 휘둘리지 않도록 마음을 가라앉히고 가치를 창조할 수 있도록 연구해야 한다.

그래서 나는 '핫 토픽(인기 검색어)' 순위에 더 이상 연연하지 않기로 했다. 그리고 모든 문장마다 스스로 이해하고 터득한 내용을 담아내려 노력했다. 예를 들면 전기자동차에 대한 글을 한 편 쓰기 위해 많은 자료를 탐독하고, 또 십여 명의 업계전문가를 만나면서까지 전기자동차를 정확히 이해하려 노력했다. 충분한 이해를 기반으로 하는 이러한 글쓰기는 그 분야의 지식을 함양하는 개인적 성과도 있었다. 물론 독자들 역시 내 글을 통해 필요한 정보를 얻어가는 '가치 공유'의 성과도 있으리라 기대한다.

나의 가치를 재형성할 '가치 네트워크'를 구축하라

최근 언론에 자주 등장하는 말 중에 '가치 네트워크'라는 말이 있다. '가치'란 여러 사람에게 유용하게 쓰일 수 있고 인간이 생활을 진일보할 수 있도록 도움이 되는 것을 말한다. 그리고 이 가치를 제공하고 제공받을 수 있도록 그물망처럼 연결된 링크를 '가치 네트워크'라 한다. 다양한 외부 참여자들과 연결되어 협력이 증가되는 현대 사회에서 네트워크는 가치를 끊임없이 증폭시키고, 또 가치는 이 네트워크의 링크를 끊임없이 연결시켜 확장한다. 이 말이 이해하기 조금 어렵다면 증기기관을 예로 들어 설명할 수 있다.

증기기관은 1세기경 고대 그리스 시대 수학자 헤론이 처음 구상한 '아에올리스의 공'*에 그 기원을 두고 있다. 수증기의 열에너지를 기계적인 에너지로 전환하는 장치인 증기기관은 1세기부터 1769년 제임스 와트James Watt가 개량하기까지 여러 세대를 이어가며 발전했다. 와트가 개량한 증기기관은 기존의 석탄 광산에만 사용되던 것을 여러 산업 분야에 사용할 수 있게 만든 '상용화의 임계점'으로 평가되고 있다. 이전의 증기기관은 줄곧 석탄 광산의 채굴과정에서 솟아 나오는 물을 퍼내는 용도로만 사용되었다. 이로 인해 인명 사고율을 낮추는 데 도움이 되긴 했지만, 고장이 잦고 무거워서 다른 산업 분야에서는 효용성이 떨어졌다. 장단점이 '상쇄'되었지만 '활용 불가'라는 단점이 더 컸기 때문에 증기기관은 보편화되지 못했다. 그러나 와트가 응축기를 분리하는 아이디어로 장비를 개량한 후부터 산업 분야의 전반에 걸쳐 증기기관의 긍정적인 가치가 드러나기 시작했다.

우리는 바로 이 점에 주목해야 한다. 증기기관을 사용하는 사람이 많아질수록 점점 더 많은 사람에게 알려지고 전 세계에 그 영향력을 떨칠 수 있게 된 것이다. 이후 와트의 개량된 증기기관은 기차와 선박에 사용되었고 대영제국을 새로운 시대를 군림하는

---

* **아에올리스의 공**: 금속 공의 하단에서 장작을 태워 그 열기로 데워진 금속 공 윗부분의 물이 증발하며 나온 수증기를 'ㄱ'자 모양의 관으로 고속 분출해 금속 공을 회전시키는 원리다.

Chapter 1. 선택과 집중

패권국가로 발돋움시키는 데 일조하였다. 다른 일들의 발전과정도 모두 증기기관과 비슷하다. 성공을 안겨 줄 수 있는 일은 분명 다른 사람에게 가치를 제공할 수 있는 일이다. 증기기관의 발전사를 통해 알 수 있듯이 자신이 들인 시간과 비용, 노력보다 타인이 얻는 가치가 훨씬 커야만 끊이지 않는 수요가 창출될 것이다.

  가치 네트워크 구축에서 또 하나의 중요한 키포인트는 인터넷이다. 인터넷은 우리가 사용하는 네트워크가 아닌 '링크'라고 이해하면 된다. 이 '링크'는 연결된 상호 간의 배서*관계라 볼 수 있다. 예를 들어 친구가 유용하게 쓴 물건을 당신에게 소개해 주고, 그 물건을 사용해 본 당신이 다른 친구에게도 이를 추천해 준다고 가정해 보자. 그 친구는 당신과 또 다른 지인들에 의해 어쩌면 두 번 이상의 추천을 받았을지도 모를 일이다. 인터넷상에서 활동하는 인플루언서가 한 번 추천하면 그의 팔로워들에 의해 만 번 정도 추천을 받게 되는 이유가 여기에 있다. 그래서 인터넷 마켓에서는 홍보를 할 때 흔히 '누구 아나운서 또는 누구 스타의 추천' 같은 마케팅 기법을 활용한다. 어느 초로의 화백이 그린 그림이 평생 외면받다가 갑자기 큰 갤러리에 낙찰되면서 작품 전체의 몸값이 폭등하는 것도 같은 원리다.

---

* **배서(背書)**: 어음·수표 따위 지시 증권의 뒷면에 필요한 사항을 적고 서명하여 상대방에게 주는 일을 뜻한다.

가치 있는 것은 스스로 네트워크를 형성하는데 여기서 말하는 가치는 지식, 정보, 방법론, 심리 상담 등 무형의 것들도 포함된다. **어떤 분야의 일을 하든지 간에 우선적으로 '오랜 시간 동안 모두에게 유용한 가치를 제공할 수 있는가'를 고려해야 한다. 만약 모두를 이롭게 할 가치를 창출할 수 있다면 그 가치를 확산시킬 수 있도록 노력해야 한다. 정보가 중심이 된 이 세상은 네트워크에 의해 지배되기 때문이다.**

천 리 길도 한 걸음부터 : 작은 단위로 세분화하기

처음 소프트웨어 업계에 입문하였을 때 항상 궁금해하던 일이 있다. 바로 하나의 프로그램을 만들기 위한 수백만 줄의 코드를 어떻게 작성해 내는지였다. 지나고 보니 그리 대단한 일은 아니었다. 만약 한꺼번에 수백만 줄의 코드를 쓴다면 불가능한 일이겠지만 프로젝트는 신도시가 생겨나는 것처럼 '1기, 2기, 3기'의 개발 과정에 따라 만들어지며 매번 새로운 기능을 추가하면서 점차 다르게 변모하게 된다.

나는 특별한 프로젝트에 참여한 적이 있다. 그 프로젝트 진행 과정 중 한 고객은 일일이 현장에서 장비 상태를 확인하지 않고도 과열 여부를 알려줄 수 있는 기능을 요구하였다. 장비가 과열되면 고객에게 문자를 자동 발신하는 기능이었다. 일일이 문자를 발송하는 것은 번거로운 일이다. 하지만 이 문제는 인턴 한 명이 총 50줄도 안 되는 코드를 작성해서 간단히 해결했다. 이후 고객은 다른 고장 발생 시에도 경고 문자 메시지를 보내는 기능을 요구했고, 요구 사항이 점점 더 많아지면서 장장 5, 6년이라는 긴 시간 동안 프로그래머들을 괴롭혔다. 그런데 현재 이 프로젝트는 독립적인 관리 시스템으로 파생되어 단독으로 판로를 개척하게 되었다.

다른 소프트웨어 프로그램 개발 시에도 비슷한 과정을 겪는다. 해마다 개발하는 데 수개월의 시간을 들인 후 몇 가지 작은 기능을 추가하면 그 프로그램은 점점 복잡한 형태를 갖추게 된다. 물론 어떤 소프트웨어는 수십 년의 기간에 걸쳐 개발된 것도 있다. 이렇게 개발된 프로그램은 견고한 장벽을 형성하기 때문에 다른 기업이 진입하기 어렵다. 우리가 흔히 다 아는 몇 개의 유명한 데이터베이스 회사와 운영 체제 회사들은 이런 과정을 거쳐 높은 진입 장벽을 갖게 되었다.

위에서 언급한 증기기관의 발전사를 보면 와트는 토마스 뉴커먼Thomas Newcomen 증기기관에서 착안하여 기능을 개선하였고, 리처드 트레비식Richard Trevithick은 와트의 증기기관을 개량하여 고압 증기기관을 발명해 최초의 증기기관차를 만들었다. 이렇게 가치가 높은 인류의 발명품들은 끊임없이 진화하고 있다.

최근 몇 년 동안의 경험을 통해 나는 프로그램 만들기, 운동하기, 글쓰기의 유사점을 발견했다. 세 가지 모두 처음에는 작은 부분에서 시작해 서서히 규모가 큰 단위의 일을 하게 된다는 점이다. 테슬라 기업의 CEO 일론 머스크^{Elon Musk}도 한 토크 프로그램에서 이와 비슷한 이야기를 한 적이 있다. 문제의 해결을 위해서는 그 문제를 근본적인 원리로 세분화시키라는 것이다.* 나는 이 원칙이 신선한 충격으로 다가왔고, 곧바로 이 말에 수긍할 수 있었다.

규모가 큰일을 하는 것과 사소해 보이는 작은 일을 하는 것은 다르지 않다. 아무리 일의 규모가 크고 복잡해도 결국 여러 가지 작은 단위의 작업으로 나누어 차근차근 해나가야 하기 때문이다.

글을 쓰는 과정도 마찬가지다. 장편의 글을 단숨에 써낸다면 분명 허점이 많을 것이다. 그래서 지금은 우선 글의 큰 틀과 구조를 먼저 세우고, 그다음 천천히 채워 나간다. 때로는 그 틀에 SNS상

---

* **일론 머스크의 3단계 근본 원칙적 사고(3-step First Principles Thinking, 어떻게 생각하고 천재처럼 문제를 해결할 것인가)** : '근본 원칙적 사고'란 일반적인 비유에 의한 추론이 아닌 기본적인 원칙과 사실에 기반을 둔 추론이 중점이 되어야 한다는 것으로 '1단계: 현재의 가정을 정의, 2단계: 그 문제를 근본적인 원리로 세분화, 3단계: 새로운 해결책 만들기'로 구분된다. 테드(TED, Technology Entertainment Design) 프로그램에서 고가의 배터리팩 문제를 근본 원칙적 사고로 해결한 것을 강연하였다.

Chapter 1. 선택과 집중

의 내용을 찾아 넣는 방식을 선호한다. 초기 단계에는 봐줄 수 없을 정도로 글이 형편없지만 몇 번의 탈고 과정을 거치고 나면 그럴듯해진다. 이제 나는 무슨 일이든 가장 작은 단위(부분)로 나눌 수만 있다면 기본적으로 모두 처리가 가능하다고 느낀다.

최근 몇 년 동안의 세상 경험을 통해 '사람은 자신이 하는 일을 선택할 수 있지만, 또 하는 일에 의해 자신도 재형성되어 간다'는 것을 알게 되었다. 결국 일과 사람은 상호 간의 발전을 촉진하는 매개체다. 나는 여러분 모두가 자신만의 일을 찾아서 오래오래 자신의 가치를 빛낼 수 있기를 바란다. 가치는 네트워크를 구축하고 그 네트워크 안에서 새로운 자신을 만나게 될 것이다.

데이터의 노예가 되지 마라.

마음을 가라앉히고 자신의 가치를 드러낼 방법을 찾아라.

끊임없이 가치를 창조하고 또 가치 네트워크를 구축하라.

모든 일을 가장 작은 단위로 세분화하라.

자신의 가치가 당신을 재형성할 것이다.

대도시는 아수라장

내가 대학을 졸업할 당시에는 향후 거처에 대한 문제, 즉 대도시에 남을 것인지 고향으로 돌아갈 것인지는 전혀 고민거리가 되지 않았다. 대학에서 전공한 분야는 물리와 회로 등의 공학 관련 계통이라 대도시 말고는 전공을 살릴 기회가 없었기 때문이다. 그래서 난 대도시에 머무르면서 연봉이 오르기를 바라는 수밖에 없었다.

내가 졸업할 당시 집값은 지금보다 훨씬 저렴하지 않았냐고 묻는 친구들이 많다. 하지만 도시의 집값은 한 번도 내려간 적이 없었으며 항상 비쌌다. 아마 당나라 때부터 비쌌을 것이다. 물론 2006년 이전에는 지금처럼 이렇게까지 비싸진 않았다. 그러나

Chapter 1. 선택과 집중

아무도 사려는 사람이 없었다. 모두 다 집값이 너무 올랐다는 것을 알아차렸을 때는 이미 가격은 터무니없는 수준으로 상승했다.

　이 문제를 다른 각도에서 바꾸어 보자. 만일 지금이 2030년이라면 2020년에 무엇을 사두면 대박이 날지 알 수 있다. 그러나 현재의 우리 눈에 과연 10년 후의 대박 아이템이 보일까? 설령 그 아이템을 찾아냈다고 하더라도 과연 돈을 빌려서 투자할 수 있을까? 분명 누군가는 그렇게 할 것이다. 그러나 단언컨대 많지는 않을 것이다. 20년 전의 상황도 마찬가지다. 대부분의 사람들은 지금의 우리와 같은 마음으로 과감히 나서지 못했고, 아주 소수의 사람만이 자신도 인지하지 못한 채 우연히 기회를 잡았을 뿐이다.

　물론 확실히 이해하고 기회를 잡은 사람도 있다. 당시에도 이미 해외를 다녀온 사람이 많은 터라 다른 나라 대도시의 터무니없는 집값에 대해 잘 알고 있었기에 전망을 보고 투자한 사람들이 있었다. 여기까지 한참을 말했지만 정작 왜 대도시를 선택해야 하는지는 아직 언급하지 않았다. 물론 내 주관적 견해이긴 하지만 대도시를 선택해야 하는 데에는 다음의 몇 가지 이유가 있다.

비행기가 이륙하려면
'활주로'상에 있어야 있다

많은 사람이 모르는 인생의 진리가 있다. 바로 '인생에는 지렛대가 있어야 한다'는 것이다. 사람이나 국가나 마찬가지다. 한 나라의 국운이 상승기에 있을 때는 많은 노력을 기울이지 않아도 국민들의 생활 수준이 같이 올라간다. 이것이 바로 좀처럼 얻기 힘든 '기회'다.

개인의 능력만으로 부자가 되기는 어렵다. 돈을 벌려면 이 '기회'의 힘을 빌려야 한다. 대도시에는 기회가 많다. 비록 이 말을 하는 나도 아직 부자가 되지는 못했지만, 주위에서 '부의 신화'가 탄생하는 것을 직접 보았다. 나 역시 몇 번의 소소한 성공의 달콤함을 맛보았는데 이때도 기회가 많은 비중을 차지했다.

아무것도 하지 않고 있는데 감나무에서 감이 떨어지듯 하늘에서 기회가 뚝 떨어지는 것은 아니다. 기회를 잡기 위한 노력과 진취적인 태도는 우리 삶의 마지노선(하한선)을 지켜준다. 다시 말하면, 노력한다고 해서 반드시 좋은 결실을 거두는 것은 아니지만, 노력하지 않으면 나쁜 결과로 이어지는 것은 막기 어렵다는 뜻이다. 만약 한 걸음 더 나아가고 싶다면 복잡한 과정을 거쳐야 한다. 예를 들면 누군가가 밀어주고 당겨주는 과정이 있어야 하고, 새로운 업종에 발을 담그기도 해야 하며, 우연이라도 어떤 대단한 분

Chapter 1. 선택과 집중

야에 부딪혀보는 과정을 몸소 겪어내야 한다. 세상은 우리가 생각하는 이상으로 넓다. 이 광활한 세상에 존재하는 많은 일 중에 일부의 사람들은 어떤 특별한 존재나 상황을 마주하게 된다. 훗날 그 특별한 것들이 큰 성공을 거두게 된다면 이를 가장 먼저 접한 사람이 가장 큰 혜택을 거머쥐게 된다.

예컨대 2010년 즈음에는 프로그래밍 분야에서 실력이 가장 뒤처지는 사람들이 모바일 애플리케이션을 만들었다. 스마트폰이 시장에 막 등장하는 시기였기 때문에 모멘텀이 부각되지 않았었다. 다시 말해 애플리케이션 시장의 발전 추세가 뚜렷이 드러나 보이지 않았기 때문에 프로그래머들에게 각광받지는 못했다. 그런데 만약 그때 내가 모바일 애플리케이션 시장에 진입해서 지금까지 달려왔다면 어떻게 되었을까? 엄청난 부를 이루며 성공의 가도를 달리고 있을 것이다.

인생에는 고속도로가 필요하다. 최근 몇 년 동안 인터넷 사업 전장戰場에 뛰어들었던 사람들은 이 고속도로를 질주하는 경험을 쌓았다. 인터넷 시장이 급속도로 확장되며 신입 말단에서 시작한 지 얼마 지나지 않아 팀장급으로, 또 몇 해 지나지 않아 프로젝트 매니저급으로 승진했다. 보통의 상황에서는 이 직위에 도달하는 데 최소 4~5년이 걸릴 수 있다. 몇 년 전 내가 몸담고 있던 회사는 이제 막 커지기 시작하는 단계라 이직이 쉽지 않은 상황이었다. 하지만 몇몇 사람들은 이 회사에서는 크게 발전하지 못하리라 판단하고 스타트업으로 이직했다. 그때 이직한 사람들은 조만간 모두 경제적 자유를 실현할 예정이다.

장기적인 안목으로 볼 때 다양성이 보장되는 환경이라면 우세와 열세는 충분히 서로 바뀔 수 있다. 특히 업무 성과는 사회적 인식과 트렌드와 연관된 경우가 많다. 위작으로 세간을 떠들썩하게 했던 모네의 작품을 예로 들어보자. 기존에 모네의 작품으로 감정되었던 그림들은 천정부지의 가격으로 수집가들에게 팔려나갔다. 그런데 수집가들에게 소장되어 전시관에 전시되었던 이 그림이 훗날 모네의 작품이 아니라 모네가 활동하던 시대의 캔버스에 그린 위작이라는 것이 판명되었다. 여러 전문가가 캔버스를 감정할 때 이 그림이 모네의 것이라고 입을 모았으나 위조가 입증된 이상 이 그림은 쓰레기가 되어 버렸다. 이 위작은 결국 원하는 사람이 아무도 없어 폐기될 처지에 놓이고 말았다.

모네의 그림과는 상반되지만, 같은 맥락의 예를 하나 더 들어보겠다. 얼마 전 출판업계에 종사하는 친구에 의하면 작가 따류大刺*의 『싼티三體(삼체)』가 베스트셀러가 된 후 그 작품을 출판한 출판사도 덩달아 크게 한몫을 벌었다고 한다. 일찍이 따류의 잠재성을 알아본 출판사가 그의 다른 작품들도 계약했기 때문이다. 이전에 따류가 유명해지기 전에 빛을 보지 못했던 좋은 작품들이 덩달아 인기를 얻어 역주행한 것이다.

이 두 가지 예를 들어 강조하고 싶은 것은 같은 작품이라도 다른 시기와 다른 장면에서의 운명은 완전히 다르게 판가름 난다는 것이다. **지금껏 우리가 들여온 노력의 결과도 환경을 바꾸거나 평가 체계를 바꾸면 완전히 다른 성적표를 받을 수 있다. 대도시는 이런 다원적인 거래 환경을 제공하기 때문에 직장이나 환경을 바꾸는 것이 훨씬 쉬울 수 있다.** 당신의 가치는 여러 각도에서 평가될 수 있고 가치라 여겨지지 않던 것들, 즉 미처 발견하지 못했던 잠재된 역량까지도 새롭게 평가될 가능성이 매우 높아진다. 대도시에서는 접촉하는 사람이 많기 때문에 그만큼 당신을 좋아하는 사람을 만난다거나 당신의 천부적인 재능을 발휘하는 데 적합한 일을 만날 확률이 높아지기 때문이다.

무대가 작은 농촌이나 소도시 같은 곳에서는 이런 기회가 너무 적다. 작은 무대에서는 사회적 지위가 그다지 높지 않은 사람들이 몰려 있을 것이고, 그 사람은 당신을 끌어올리고 싶어도 그럴 힘이 없다. 또한 작은 곳은 조직 내의 보이지 않는 장벽, 유리 천장

---

* **따류(大刘, 대유)**: 본명 류츠신(刘慈欣 , 류자흔), 1963년 중국 베이징 출신의 공상과학 소설가.

을 가지고 있어 발전에 한계가 있다.

사람은 누구나 타고난 재주가 있다. 다만 대부분의 사람들은 자신의 타고난 재능을 발굴할 기회가 많지 않다. 대도시에는 사람들이 많이 모이고, 모인 사람들의 분야가 다양할수록 개인의 재능을 발견할 기회가 많아진다. 당신이 가진 천부적인 재능을, 심지어 자신조차도 눈치채지 못했을 그런 재능을, 작은 곳에서는 이번 생에 묻혀버렸을지도 모르는 재능을, 대도시에서는 발굴할 수 있다.

몇 년 전 알게 된 부동산 중개업자가 한 명 있는데 그는 서른 살 남짓한 나이에 외모가 볼품없었다. 하지만 약간 뚱뚱한 체격에 그 누구에게도 해를 끼칠 것 같지 않은 순하고 둥근 얼굴로 부동산 매물에 대해 친절하게 설명하는 모습은 쉽게 신뢰감을 준다. 그래서인지 그는 줄곧 그 지역의 부동산 판매왕이었다. 그의 말에 의하면 그는 북경에 와서 부동산 중개업자로 일하기 전까지 아무것도 이루어낸 것이 없었다고 했다. 그가 살던 작은 시골 마을에는 부동산 중개업이라는 직업이 아예 없었기 때문이다. 북경에 와서 집을 팔기 시작한 후에야 부동산 중개업이 자신의 천직이라는 것을 알게 되었다. 지금 그가 한 달에 버는 돈은 고향에서 10년 동안 번 돈보다 더 많다.

발전을 꾀하는 것은
결국 자기 학대 행위다

작은 도시에서 일한다면 아마도 당신은 정시에 퇴근할 것이다. 어쩌다 한 번 10시가 넘도록 야근을 하고 퇴근길에 올라 문득 지하철 안에 아무도 없다는 것을 깨달으면 쉽게 자기 동정에 빠진다. 자신의 삶이 녹록지 않다고 느끼며 자조 섞인 한숨도 나오게 된다. 그러나 베이징 같은 대도시에서는 아침 7시면 지하철 안이 콩나물시루처럼 빽빽이 사람들로 들어차기 시작하고, 밤 10시 퇴근길도 역시 발 디딜 틈이 없이 붐빈다. 하지만 아비규환 속에서도 스스로 연약하다고 느끼지 않게 되고 더욱 무겁고 복잡한 일을 감당할 수 있게 된다. 이토록 험난한 과정을 통해 개인의 성장도 가속화된다.

며칠 전 SNS에 글을 하나 올렸는데 '테슬라가 중국에 상륙한 이후로 전기자동차 회사 비야디^{BYD , 比亚迪} 기업도 예전보다 눈에 띄게 발전했다'는 내용이었다. 이런 내 생각에 동의한다는 댓글들이 많았다. 테슬라의 존재는 분명 동종 분야 기업들에 위기감을 조성했고, 비야디는 자연스럽게 시장에서 살아남기 위해 안간힘을 써야 했다.

'발전 혹은 진보' 그 자체는 자신을 학대하는 행위라 할 수 있

다. 스트레스가 없는 상황에서는 누구나 자신을 혹사시키며 더 나은 상황으로 나아가겠다는 결심의 필요성을 느끼지 못한다. 위기감을 느끼고 다른 이와 비교하여 격차를 느껴야만 적극적으로 자기 개조를 통해 온갖 이상한 버릇을 고치게 된다.

대도시는 전반적으로 사람을 밀어붙여 앞으로 나아가게 만든다. 조금만 늦어도 감당해야 할 결과가 잔인하다. 소도시에서는 상상조차 하기 힘든 일이다. 대도시 자체가 위기감과 격차감을 품고 있어 그 안에 살고 있는 개인이 자학하기에 적합한 환경을 조성한다. 특히 젊은 친구들은 대도시에 가서 한바탕 세게 부딪혀봐야 인생 후반전에서 마주할 어떠한 충격에도 태연하게 응수할 수 있다. 사실 고통이라는 것은 '미래의 알 수 없는 두려움, 예상'일 뿐이다. 예를 들어 군에 입대한 신병이 훈련소 생활을 마치고 나면 그 후 고통을 견디는 능력이 눈에 띄게 향상된다. 갑자기 환골탈태해서 힘들고 아픈 것을 느끼지 못하게 된 것이 아니라 뼈를 깎는 훈련을 겪으면서 고통을 감내하는 역치가 크게 높아진 것이다.

대도시에서 살기 위해
치러야 할 대가

사실 위에서 말한 내용 자체는 부정적인 의미를 내포하고 있다. 대다수의 사람들은 부자가 될 수 없다는 것과 대부분의 사람은 특별한 재능을 발휘하지 못한다는 것, 또 행운은 보통의 소시민들에게는 쉽게 찾아오지 않는다는 것, 그래서 결국 그들은 인생의 황금기를 대도시에서 허비하고 중·소도시로 물러나야 한다는 것을 암시한다. 이러한 공포는 사람들이 대도시에 발을 디딜 때부터 줄곧 그림자처럼 따라다닌다. 심지어 사람들은 자신을 일회용품처럼 느끼고 대기업에 의해 한 번 쓰이고 무자비하게 버려질까 걱정하기도 한다. 또 때로는 이미 수입이 아주 높은 고소득층인데도 자신보다 수입이 많은 주위 사람들과 비교하면서 자괴감에 빠지곤 한다. 대도시에는 엄청난 고수들이 모여 있다는 것을 수시로 느끼고, 이러한 느낌은 자기 비하에서 오는 우울함을 더욱 심화시키기 때문이다. 이런 상황들 때문에 대도시 곳곳에는 그런 초조함이 만연해 있다.

많은 사람이 자신은 매우 행복하지 않다고 생각하지만 다른 사람들 눈에는 그저 '만족을 모르는 병'에 걸린 것으로 보인다. 충분히 많이 벌면서 왜 여전히 만족하지 못할까? 사실 대도시에 거주하는 고소득층이 된다면 그 어떤 누구도 자신의 현재 상황에 만족감을 느끼긴 어려울 것이다. 상황이 이렇다 보니 자연스레 말도 안 되는 이야기들이 난무한다. 예를 들면 가업을 계승시켜야 한다거나 혹은 아이를 낳아 엘리트 코스를 밟게 해야 한다든가 하는 이야기 말이다. 아이를 낳으면 계속 자기 인생처럼 쥐어짤 것인 가? 상상만으로도 피곤하다. 그래서 어떤 사람들은 아이를 낳기를 원하지 않거나 감히 낳을 생각을 못하게 된다.

전에 내 글에 읽은 여동생이 이런 이야기를 전했다. 그녀는 상해에 있을 때 매일 너무 피곤해서 숨도 쉬어지지 않을 정도였다고 한다. 이 상황에서 아이를 낳는 것은 그야말로 죄를 짓는 것이라고 느꼈으며 아이를 돌볼 시간적 여유도 없었다. 그래서 친한 친구끼리 모두 아이를 갖지 않기로 결정했다. 이후 청두成都에 돌아오고 나서는 아침 9시에 출근해서 5시에 퇴근하는 일자리를 구했다. 직장은 집에서 멀지 않아 걸어서 출근할 수 있었고, 주 5일간 근무하는 체제였다. 그러다 시어머니도 근처에 사시고, 퇴근 후에 다른 사람들이 아이를 데리고 산책하는 것을 보고 자연스레 아이를 낳아야겠다고 생각했다. 출산 후에도 생활이 그렇게 고되지 않았기에 또 둘째까지 고려하게 되었다. 그런데 굉장히 이상한 점은 상하이에 있을 때는 주변에서 아이 얘기만 꺼내면 낳을지 말지 고민하느라 골머리가 아팠는데 청두에 돌아와서는 전혀 문제가 되지 않았다. 오히려 청두에 와서는 아이를 갖지 않는 것이 이상하다 느껴질 정도였다.

요약하자면 대도시는 하나의 장場을 제공한다. 여기에는 더 많은 가능성이 있고, 자신의 잠재력이 자극받고 이를 발휘할 수 있는 기회가 있다. 자신조차 전혀 상상할 수 없는 대단한 사람이 될 가능성이 더 높다. 그러나 동시에 지속적인 스트레스와 불안 등에 시달려야 한다. 대도시에서 지내는 삶의 대가는 바로 개인의 신체적·정신적 건강에 스스로 위해를 가하는 것이다.

만약 당신의 집안 형편이 넉넉하지 않고 아직 어려서 외국에 나갈 엄두가 나지 않는 상황에서 미래를 위해 한 번 도전해 보고 싶다면 대도시에 가는 것은 분명히 좋은 선택이다. 그러나 만약 가진 조건이 남부럽지 않고 또 스스로 단순하게 인생을 즐길 계획이라면 중소도시에 있는 편이 낫다. 굳이 대도시에 가서 그런 고통을 감수할 필요는 없기 때문이다.

Chapter 2

장인匠人이
되는 길

왜 성공한 사람들은
철야와 초과 근무에 관대할까?

먼저 이 화제는 성급한 일반화의 오류가 있다고 말하고 시작하고 싶다. 성공한 모든 사람이 인생을 즐기지 못하고 밥 먹듯이 야근하는 것을 좋아하는 건 아니기 때문이다. 그러나 확실히 많은 사람들이 이미 높은 연봉을 달성했음에도 여전히 다람쥐 쳇바퀴 돌 듯 바쁜 삶을 살고 있다. 게다가 이 화제는 논란의 여지가 있다. '성공'이란 것은 마음먹은 대로 누구나 쉽게 얻을 수 있는 게 아니고 출발선부터 필사적으로 달리는 가운데 도태될 이들은 도태되고 낙오될 이들은 낙오되며, 고생에 특화되어 살아남은 자들이 거머쥔 것이기 때문이다. 그런데 오늘은 누구나 다 아는 그저 그런 일반적인 성공의 조건에 대해 논하려는 게 아니다. 남들이 좀처럼 언급하지 않는 얘기를 좀 해보고 싶다.

대기업 소속감의 착각이 주는
헛된 안정감

먼저 내 경험담을 하나 나누고 싶다. 정확히 말하면 인터넷 분야 대기업에 취업했던 젊은 시절, 나와 호형호제하던 선배의 경험에서 깨달은 교훈이다. 그가 한창 일할 나이에 회사에서 정리해고를 당하면서 퇴사하던 당시에 나에게 해준 이야기다.

선배는 해고되기 전까지 줄곧 대기업에서 일하고 있는 자신의 상황이 안전하다고 생각했다. 프로젝트가 순리대로 진행되면 제 몫은 다하고 있다고 여겼는데 어느 날 갑자기 그가 담당하던 제품 라인을 중단한다는 소식을 들었다. 그 후 머지않아 해당 라인의 직원들은 모두 다른 제품 라인으로 통폐합되었다. 문제는 바로 이 통폐합에 있었다. 다른 제품 라인으로 재배치된 모든 직원은 새로운 라인에서 담당 직무를 다시 받아야 하기 때문이다. 이들 중 말단의 코딩 프로그래머들은 어디에 소속되건 상관이 없다. 직무를 수행하는 장소가 바뀔 뿐 하던 일이 크게 바뀌진 않는다. 하지만 통폐합에 있어 가장 불리한 계층은 바로 그 선배와 같은 중간 관리자급이다. 모두가 알다시피 큰 기업에는 모든 것이 부족하지만 유독 팀장급의 관리자들만 넘쳐난다. 아마 회사의 공기 정화 식물

　　　　　　　　Chapter 2. 장인(匠人)이 되는 길

보다 관리자가 더 많다 해도 과언이 아닐 것이다. 그래서 해당 팀장이 엄연히 자리하고 있는 다른 제품 라인에 팀장급 직원이 오면 많이 난처해진다. 팀장을 두 명으로 둘 수도 없고, 그렇다고 근속 연수가 꽤 되는 팀장급에게 말단 직원들이 하는 코딩을 시킬 수도 없다. 이미 여러 해 동안 관리자급의 직무만 수행한 터라 코딩 스킬은 대학생 수준밖에 안 되고, 밤새도록 버그를 수정하라고 하면 그들이 받아들이기에는 마음에 걸리는 게 많은 상황이다. 이외에도 중간 관리자급은 말단 프로그래머들보다 임금도 훨씬 높아서 회사 입장에서 이렇게 높은 임금을 지불하며 코딩하는 일에 투입시키는 것은 손실이 크다. 이런 이유들은 중단된 라인의 중간 관리자급 직원들을 몹시도 난처하게 했다.

결국 회사는 심사숙고 끝에 그들에게 두 가지 선택지를 제시했다. 하나는 직위와 연봉을 지금 그대로 유지하는 것이다. 그 상태 그대로 해외로 나가 회사의 점유율을 높이고 업무를 확장하는 임무를 받는다. 다만 집을 떠나는 심한 스트레스를 감수해야 하며 업무도 또한 비교적 어렵다. 또 다른 하나는 직위의 강등을 받아들여 말단 직원으로 돌아가는 길이다. 임금이 대폭 삭감된 채로 일하고 있으면 훗날 관리직에 수요가 생겼을 때 우선적으로 발탁한다는 조건이다. 그 선배는 나이가 많아 새로운 환경에 적응해야 하는 해외에 가고 싶지도 않았고, 또 퇴보하여 코딩 프로그래머가

되는 것도 받아들일 수 없었다. 그래서 결국 홧김에 사직서를 제출했다. 그렇게 회사를 그만두고 한참을 방황하다 다른 친구가 설립한 스타트업에 입사해서 팀장이 되었지만 수입은 전보다 현저히 줄었다.

얼마 전에 그 선배와 식사 약속이 있었는데 그는 두 가지를 얘기했다. 첫 번째는 바로 내가 선배에게 제시했었던 얘기다. 미국의 많은 프로그래머들은 의도적으로 승급도 하지 않고 임금 인상도 하지 않는다. 우리가 죽자 살자 매달리는 경영진 자리에 그들은 죽어도 가지 않는다. 주요 원인은 일단 회사의 상황이 안 좋아지면 첫 번째 감원 대상이 되기 때문이다. 임금은 높지만 산출물이 불분명한 계층이 중간 관리자급의 경영진임을 아는 것이다. 이들 중간 관리자급의 경영진은 자신을 보호할 수준의 높은 기술을 가지고 있지도 않기 때문에 회사에서 쫓겨나는 경우가 많다. 그는 내가 이 이야기를 해주었을 때는 전혀 이해하지 못했는데 정리해고라는 값비싼 수업료를 치르고 나서야 이해하게 되었다고 한다.

두 번째 이야기는 그가 일찍이 스타트업에 갈 기회가 있었지만 그 기회를 저버린 것이다. 그는 줄곧 스타트업은 안전성이 떨어지고 언제든지 쓰러질 수 있다고 생각했다. 그래서 모험을 하느니 차라리 대기업에 가서 생활을 안정시키는 편이 낫다고 여겼다. 하지만 정리해고를 당한 후 상황을 보니 대기업의 일자리는 전혀 안정된 것이 아니었다. 오히려 공허한 소속감을 안정이라 착각하게 되기 때문에 자신의 존재감이 나사 하나 정도의 부품이라는 것을 모른 채 안정감에 속고 있었다.

이것이 이 화제를 가지고 논하고자 하는 핵심이다. 대부분의 사람들은 '허황된 안전함'을 꿈꾼다. 자신이 안전한 항구에 있다고 여기며 회사가 도산하지 않는 한 일자리는 없어지지 않으리라 생각한다. 전체를 보지 못하니 하루하루 별반 달라지는 게 없어 보이는 시장 상황을 매우 안정된 상황이라 착각하며 이런 허황된 안정감에 젖어있다. 하지만 현실은 결코 그렇지 않다. 최소한 시장은 끊임없이 변화하고 있으며, 기업은 시장이라는 큰 바다에서 거친 풍랑을 항해하는 배와 같다. 갑판에 서 있는 선장만이 전경을 볼 수 있고 내일 날씨가 어떨지 알 수 있다. 선장은 매일같이 당황스럽고 생과 사의 고비를 넘나들며 이 바다가 한없이 험악하다고 느끼겠지만 선원들은 오히려 안정감이 넘친다. 그런 의미에서 보면 **높은 곳에 서 있어야 전체를 볼 수 있고, 보이는 게 많을수록 감당해야 하는 무게는 점점 버거워진다.** 담당하고 있는 업무만 잘 처리하면 되는 게 아니라 만기가 도래한 채무를 어떻게 상환해야 하는지, 광고의 효과를 극대화하기 위해서는 어떤 전략을 구사해야 하는지, 상대해야 할 강력한 경쟁사가 출현했을 때 어떻게 해야 하는지, 법인 계좌에 보유한 현금으로 얼마나 유지할 수 있는지, 또는 국가 및 세계의 정책 변화까지도 신경 써야 하기 때문이다. 사소한 것에서부터 중대한 사안까지 하나도 빼놓지 않고 모두 고려하는 대표의 자리에 있으면 그 어떤 누구라도 맘 편히 두 다리 뻗고 잠들기는 힘들 것이다.

'두려움'은 다른 어떤 동기보다 사람을 더 역동적으로 만든다. 많은 기업 대표들이 겉보기에는 번지르르한 인생을 사는 듯 보이지만 사실 그들 대다수가 모두 외줄을 타는 위태로운 상황을 견디며 앞으로 나아가고 있다. 단 한 번의 잘못된 선택으로 수십 년간 일궈온 모든 것이 물거품이 되어 버리는 일은 부지기수다. 이런 일은 특히 최근 2년 동안 많았다. 기본적으로 대표의 돈은 모두 장부상의 기록이다. 예를 들어 A는 나에게 2억을 빚졌고, 나는 B에게 상환해야 할 1억 원의 채무액이 있다. 채권에서 채무를 변제하면 결국 나는 1억 원의 자산을 가지고 있는 게 된다. 그런데 만약 백 년에 한 번 있을까 말까 한 유행병이 창궐하여 A가 도산한다면 나는 순식간에 자산 1억 원에서 부채 1억 원으로 바뀔 것이다. 많은 기업 대표들이 20년 만에 채무액이 증가하게 된 것은 바로 이 때문이다. 재벌 2세들은 대개 아무 근심 없이 쾌활하게 지내는데 그 이유는 말단 직원들과 약간 비슷하게 전체 국면을 다 보지 못하고 허망한 안정감을 느낀다는 데 있다. 물론 모든 재벌 2세들이 다 그렇다는 것은 아니다. 종종 초과 근무를 하며 부지런히 일하는 이들도 있다.

쉴 틈 없이 노를 저어라, 영원한 영웅은 없다

나는 여태껏 '영원한 것은 없다'라는 말을 들으면서도 이 말을 잘 이해하지 못했다. 세계적으로 백 년 이상 이어온 기업들이 얼마든지 있는데 왜 사업이 일시적이라고 하는지 도무지 이해할 수가 없었다. 하지만 면밀히 장기간을 살펴보니 왜 그런 말을 하는지 확실히 이해되었다.

일부 기업은 백 년 넘게 이어오고 있지만 그 기업의 발전사를 보면 그야말로 역동적인 변모 과정의 연속이다.

노키아를 예로 들어보겠다. 노키아는 현재 150여 년 지속된 기업으로 목재펄프 공장을 모태로 창업 초기에는 제지업이 주요 사업 분야였다. 그 후 산업은 점차 타이어, 신발, 케이블, 가전, PC, 전력, 로봇, 콘덴서, 군 통신장비, 플라스틱, 알루미늄, 화학공업 등 다양한 사업 분야로 업종을 변경하고 확장하였다. 그리고 이후 휴대전화 제조업과 연관된 장비 및 소프트웨어 등 다른 업종들까지 확장하며 끊임없는 변모를 꾀했다. 이런 의미에서 보면 모든 기업은 테세우스Theseus의 배*와 같다. 출항한 지 얼마 지나지 않아 수선했다면 더 이상 예전의 그 배가 아니다.

텐센트騰訊(텅쉰), 알리바바阿里巴巴(알리)와 같은 거대 인터넷 기업도 마찬가지로 끊임없이 변화를 모색하고 있다. 얼마 전 대기업에서 기초연구 분야에 종사하고 있는 한 파트너와 이야기를 나눴는데 대기업은 핵심 사업이 얼마나 지속될지 확신할 수 없어 '핵심 사업'에 집중하지 않는다는 것이다. 모두 다 끊임없이 새로운 전선을 개척하고 여러 방향에서 각개격파를 하다 어느 방향이든 진전이 있으면 돌파된 분야를 차기 사업으로 선정하여 지속 추진한다. 이렇게 신사업 개발을 위해 매년 낭비되는 돈은 어마어마하다.

작은 회사를 인수하고 신제품을 개발하면서도 또 언제든지 방향을 틀 수 있도록 여러 갈래의 길을 열어둬야 한다. 만약 자사의 현재 상황에 안주하고 그것만 지키려 한다면 조만간 어디서 튀어나올지 모르는 경쟁 상대에 당황하게 될 것이다. 이것은 꿀벌 알

---

* **테세우스의 배**: 사물의 변화와 그 정체성의 지속에 관한 역설로 대상의 원래 요소가 교체된 후에도 그 대상은 여전히 동일한 대상인지에 대한 사고 실험이다. 그리스 신화의 영웅이며 아테네의 왕이 었던 테세우스가 괴물 미노타우로스를 죽인 후 아테네의 아이들을 구출할 때 배를 타고 탈출한 것을 기념하여 매년 아테네인들은 델로스로 순례하는 배를 탔다. 그런데 고대의 철학자들이 "수 세기가 지나 테세우스 배의 모든 부분이 교체되었다면, 그 시점의 배는 원래 배와 여전히 같은 배라고 할 수 있는가?"라는 질문을 던졌다. 후에 "배의 부품을 교체하면서 원래 부품을 모두 모아두었다가 그 부품으로 배를 하나 만들면, 무엇이 진정 '원래 배'인가?"라는 질문으로 확장되었다.

고리즘과 비슷하다. 비록 꿀벌들은 지능이 매우 낮지만 단순한 방법을 통해 고난도의 임무를 완수한다. 한 마리의 벌이 꽃밭을 찾으면 벌통으로 돌아와 다른 동료들에게 그 위치와 거리, 그리고 꿀이 얼마나 풍부한지를 알려준다. 그리고 비행 거리와 먹이의 양에 따라 투입할 꿀벌의 개체 수를 계산한 후 군집을 이룬 벌떼가 목표를 향해 사방으로 추격하여 전방위에서 우르르 달려든다.

규모가 큰 기업도 마찬가지다. 동시에 수백 개의 항목에 착수하여 어느 것이 전도유망한지, 어느 것이 사양길일지를 따진다. 쉴틈이 없다. 끊임없이 탐색하고 경로를 조정해야 한다. 세상에 영원한 것은 없다. 고객의 취향은 간사하리만치 변덕이 심하다. 만약 당신이 변화를 거부하고 현재를 고집한다면 더 좋은 경쟁 상품이 나오자마자 고객으로부터 외면당할 것이다. 우리가 목격한 노키아의 현재처럼 말이다.

돈을 벌어본 거의 모든 사람이 알고 있는 하나의 진리가 있다. '돈을 벌기 위해서는 정보력이 수반되어야 한다'는 것이다. 일단 당신이 알고 있는 것을 다른 사람도 알게 된다면 더 이상 이 정보를 기반으로 돈을 벌려고 해서는 안 된다. 순식간에 정보로서의 가치를 상실했기 때문이다. 그래서 다들 지금의 시간을 소중히 여기고 분초를 다투어 주도적으로 살아야 한다고 입을 모으는 것이다.

모든 인간의 유전자 속에
잠재된 도전 의식

성공한 사람과 보통 사람은 일을 대하는 태도에 현저한 차이가 있다. 일을 대하는 마음가짐의 차이에서 태도의 차이가 생기는 것인데 그 이유는 일의 속성과 본질이 다르기 때문이다. 일의 속성의 차이를 논하기 전에 먼저 '심리적 요인으로 인한 중독'에 관한 이야기를 해보고자 한다.

최근 떠오르는 연구 분야는 바로 기존의 담배나 마약 등 물리적 요인으로 인한 중독 연구에서 더 나아간 '도박이나 게임 등 심리적 요인으로 인한 중독에 관한 연구'다. 이는 특정 행위와 보상의 관계에 의한 중독성을 연구한 것인데 게임 제작 회사들은 이를 기반으로 어떤 메커니즘이 게임의 인기를 지속 유지하고, 게이머들이 계속 플레이할 수 있도록 하는지에 관한 연구를 진행했다. 이 연구 분야는 게임 산업계에서 매우 활성화되어 있으며 성숙도 또한 매우 높다. 집에서 게임을 즐기는 이들이라면 모두 알겠지만 시작할 때는 한 판만 하려고 결심해도 정신을 차렸을 때는 어느새 밤을 새워버리고 만다. 나는 설날에 코로나 때문에 재택근무를 하게 되었는데 '산소결핍缺氧, Oxygen Not Included' 게임과 '이것은 나의 전쟁이다这是我的战争, This War Of Mine' 두 게임을 다운받아서 하다가 하마터면 큰일을 치를 뻔했다. 특히 산소결핍 게임을 할 때는 공책까지 꺼내 들고 이것저것 계산까지 해가며 대입 수능에 임하듯이 했다. 우리 회사의 직원 중에는 밤을 새워 '산소결핍' 게임을 하다가 병원에 실려 간 이도 있었다.

도대체 어떤 매력이 있길래 이 게임에 빠지면 헤어 나오지 못하는 걸까? 이 게임의 원리는 단순하다. 하지만 게임의 개발자는 인간의 내면에 깊숙이 자리 잡은 기본 욕구를 전문적으로 연구해 인체 내의 중독 버튼을 직접 자극하도록 게임을 고안한 것이다. 인간 자체가 단기 자극에 매우 민감하므로 게임 산업계는 물론이거니와 영화 산업, 심지어 인터넷까지 이를 십분 활용해야 승산이 있다. 예를 들면 웹 소설은 챕터(원고지 20장 분량)마다 자극적인 단락을 설계하는 것이다. 사람들은 단순한 직설적인 서술은 보려고 들지 않는다. 영화도 그렇고 3분마다 클라이맥스가 있어야 한다. 게임도 기본적으로 이 논리를 따르는데 이것이 바로 관문이나 몬스터 같은 요소들을 단계마다 설정하는 이유다. 이 논리를 알면 영화를 보거나 웹 소설을 읽거나 게임을 하는 것은 흥미진진한데 왜 교과서는 펴는 즉시 지루함을 느끼게 되는지 알 수 있다.

이러한 게임에는 시간제한, 단기 인센티브 보상, 시기적절하게 주어지는 무작위 보상과 같은 자극 요소도 있다. 인간은 보상에 대한 의존도가 심해서 보상이 신속하게 주어지면 인센티브 메커니즘이 촉발되어 매우 쉽게 중독된다. 그리고 게임은 조금의 도전성이 있어야 하는데 도전성이 부족하면 금방 지루함을 느끼게 되고, 또 도전성이 너무 크면 쉽게 포기하게 된다.

이제 본래의 주제로 돌아가 보자. 만약 당신이 기업의 대표가 되고 수하에 사람이 생긴다면 당신은 선택권과 자주성을 갖게 될 것이다. 직접 처리하기 싫은 지루한 일은 다른 사람에게 맡길 수 있고 도전적일 일에만 집중할 수도 있다. 이럴 경우 일의 본질 또한 변해서 일하는 것이 마치 게임을 하는 것처럼 자극적이면서도 지루하지 않은 상태가 된다. 특히 돈을 많이 벌게 되면 일을 대하는 태도가 이루 말할 수 없이 즐거운 상태가 된다. 그래서 창업은 일방통행이라고 한다. 일단 창업을 시작하면 기본적으로 되돌릴 수 없다. 긴장된 자극과 스스로 한 결정이 수익으로 이어지는 즐거움은 중독성이 너무 강하기 때문이다. 그래서 창업의 경험이 있는 사람들은 기본적으로 다시 작은 파티션 안으로 돌아가 다른 사람의 지시를 받는 일은 더 이상 할 수 없게 된다.

선천적으로 노력을 멈추지 않는 사람들이 있다. '선장 사고'의 소유자라 볼 수 있는데 그들은 기회를 볼 수 있어서 모험과 같은 도전을 받아들일 수 있다.

세상에 도전을 싫어하는 사람은 없다. 이것은 사람의 유전자에 의해 결정되는 것이다.

자신에게 적합한 난이도의 도전을 선택하여 끊임없이 업그레이드하려고 노력하면 누구나 좋은 결과를 얻을 수 있다. 사회의 진면모를 본 이라면 일찌감치 준비해야 한다고 나는 항상 말해왔다. 어떤 일이 회사를 위한 건지, 또 어떤 일이 자신을 위한 건지를 명확히 구분하고 준비해야 한다. **'허망한 안정감'에서 벗어나 겁먹지 말고 변화와 도전을 반복해나가야 한다.**

당신은 결코 외롭지 않다.

대단해 보이는 그런 사람들도

당신과 똑같이 힘들고,

당신과 똑같이 타고난 창의적 영감이 있지도 않다.

그들 역시 그저 당신과 똑같이 천천히 한 걸음씩 나아갈 뿐이다.

인생은
사서 하는 고생

나는 젊었을 때 '취미가 최고의 선생님'이라는 말을 자주 들었다. 흥미야말로 어떤 일을 지속 추진할 수 있게 하는 최고의 원동력이라는 뜻이다. 여러분은 이 말에 동의하는가? 확실히 틀린 말은 아니지만, 자신의 특기가 아닌 취미를 기반으로 직업을 찾아 생계를 꾸리고 한평생 그 직업에 종사하며 살아갈 사람이 얼마나 있을까? 어딘가에 분명히 그런 사람이 있겠지만 대체로 그렇지는 않을 것이다.

이 세상에는 사람을 매우 서글프게 하는 법칙이 있다. 그것은 어떤 일이든 일단 그것을 생업으로 삼으면 고통, 실망, 초조함이 거의 예외 없이 뒤따른다는 것이다. 취미가 직업이 되면 그동안

Chapter 2. 장인(匠人)이 되는 길

취미를 통해 느꼈던 달콤함은 사라지기 때문이다.

몇 년 전에 나는 저명한 웹 소설 작가 한 명을 알게 되었는데 그는 절정기에는 매일 단편소설 한 편 분량을 써낼 수 있었고, 컨디션이 좋으면 중편소설 분량을 하루에 다 써내고는 초고 상자에 보관하다 천천히 업로드하기도 했다. 소설은 한 번 쓰기 시작하면 막힘없이 많은 분량을 써낼 수 있다고 했다. 그는 주로 로맨스 소설 위주로 작품을 집필하였는데 대부분 자신의 경험에서 비롯한 것이 아닌 허구적 상상력에서 나온 것이었다. 어떻게 이런 상상력이 발휘될 수 있는지는 도무지 알 수가 없지만 그의 소설은 인기를 얻어 베스트셀러에 오르기도 했다. 그러다가 갑자기 소설의 후속작이 나오지 않았다. 끊임없이 후속작을 내던 그가 불현듯 집필을 멈춘 것이다. 아직도 많은 독자 팬들은 그의 절필에 대해 맹렬히 비난하고 있다. 나 역시 그의 팬 중 한 명으로서 가능하다면 그가 쓰다만 이전의 소설을 마무리했으면 하는 바람이 있다.

우연히 그 웹 소설 작가와 가까워진 후 나는 그에게 왜 소설들을 완결 짓지 않느냐고 물었다. 그는 글을 쓰는 창작 과정이 너무 고통스럽다고 했다. 처음 글을 쓰기 시작할 때는 세기의 역작을 쓰겠다고 야심 차게 다짐했지만, 글을 쓰면 쓸수록 의지가 꺾이고 글의 갈피를 잡지 못했다. 서재 여기저기에 메모지를 잔뜩 붙여

가며 앞서 설계했던 각종 소재와 묻힌 복선을 기록하고 산더미처럼 쌓인 책에 파묻혀 하루 종일 책을 뒤적이며 영감을 찾았다. 그런데 문제는 소설의 후반부로 갈수록 그는 글을 쓰고 있는 자신이 어릿광대처럼 느껴지기 시작했다. 처음에는 공 세 개를 가지고 저글링을 하다가 점점 공의 개수가 늘어나서 나중에는 공을 받지 못하는 상황에 처했다고 느꼈다. 완결 지었던 몇 권의 소설도 등장인물을 죽음으로 끝을 맺어 간신히 결말을 지었다. 비록 독자들은 그럭저럭 괜찮은 결말이었다고 생각할지 모르지만, 작가 자신은 기본적으로 본래의 의도에서 벗어난 작품이라는 것을 잘 알고 있다.

처음 글을 쓸 때는 컨디션도 좋고 소재도 풍부하여 막힘없이 술술 썼으나 나중으로 갈수록 쓰기가 어려워졌다. 특히 소설 후반부를 집필할 때는 매일 아침 눈을 뜨는 게 지옥 같았으며 심각한 탈모 증상이 생겨 병원까지 다닐 정도였다고 했다. 나는 그가 쉽게 글을 쓴 줄 알았다. 이렇게 고통의 상황에 처해 있는 줄은 전혀 몰랐다. 그 사실을 알고 난 뒤 나도 모르게 역시나 쉬운 인생은 없다는 걸 개탄하게 되었다.

사실 장이모우張艺谋(장예모)* 감독도 이와 비슷한 말을 했었다. 그는 영화 한 편을 찍을 때 3분의 1 정도 진행될 즈음, 이 작품이 쓰레기인지 아닌지를 판별할 수 있다고 했다. 하지만 투자 문제가 얽혀 있어서 설령 쓰레기 작품인 것을 안다고 할지라도 마지막까지 촬영을 마쳐야 했다.

웹 소설 작가는 투자하는 이도 없고 그런 복잡한 문제에 얽혀 있지도 않으므로 계정을 닫아버리면 그만이다. 만약 본인이 더 이상 쓸 자신이 없고 소설이 쓰레기가 될 것 같으면 과감히 쳐내버리면 된다. 이렇게 완결되지 못한 작품은 팔이 부러진 비너스에 비유할 수 있다. 그러나 팔이 부러진 비너스의 형상은 오히려 지금 생각해 보면 팔이 두 개인 비너스보다는 더 나아 보인다. 이 웹 소설 작가는 현재 본인이 집필한 여러 작품의 지식 재산권을 팔아버렸다. 이 업계에서는 그가 지식재산권知識財産權 / IP**을 너무 헐값에 매도한 게 아니냐는 의견이 분분했다. 그는 나에게 그 정도는 아니었다고 말했지만 매수 기업이 훗날 그 작품으로 벌어들인 수익을 생각하면 자기 작품의 가치를 너무 평가절하했다고 생각된다. 그는 당시에 자신의 작품을 생각하기만 해도 짜증이 나서 다른 사람이 제시한 가격에 바로 팔아버렸다는 것이다. 어떤 대학, 어떤 전공이라도 성적이 형편없는 자신의 아들을 받아주기만

---

* **장이모우(张艺谋, 장예모)**: 중국의 영화감독으로 세계 3대 영화제(베를린 영화제, 베니스 영화제, 칸 영화제)에서 모두 최고상을 수상한 아시아 감독으로서 최고의 커리어를 가지고 있으며, 세계적인 거장으로 인정받고 있다.

** **지식재산권(知識財産權 / IP, Intellectual Property)**: 법령 또는 조약 등에 따라 인정되거나 보호되는 지식재산에 관한 권리지식재산권(지적재산권)의 하위개념으로 저작권, 산업재산권(공업적소유권)이 있고, 산업재산권(공업적소유권)의 하위개념으로 상표권, 특허권 등이 있다.

한다면 감사한 마음으로 보내는 것 같은 생각이 들 정도였다고 한다. 물론 그의 몇 작품은 완결을 짓지 못했음에도 불구하고 좋은 평가를 얻고 있으며 심지어 동남아시아에도 그의 독자들이 있어서 문화 수출에 공헌한 바가 크다.

나는 그에게 요 몇 년 동안 인터넷 소설을 쓰며 느낀 바를 몇 가지 가르쳐 달라고 부탁했다. 마침 그도 이 문제에 대해 생각하고 있었다며 몇 가지를 일러주었다. 그 역시 그동안 내가 생각하던 것과 비슷한 생각을 하고 있다는 것을 알게 되었다. 바로 이것이다.

1. 아무리 좋아하던 일이라도 직업으로 삼으면 금방 지겨워진다.
2. 이런 고통에 대항할 수 있는 유일한 해결책은 습관적이고 능동적인 태도를 항상 견지하는 것이다.

그는 매일 출근해서 일하는 것처럼 일정한 생활을 지키려 했다. 매일 스스로 업무량을 주어 일정량을 반드시 쓰고, 쓴 것을 사이트에 게재했다. 비가 오나 눈이 오나 이를 지키려 노력한다. 때로는 영감이 떠올라 글 쓰는 속도가 빨라지기도 하지만 대부분은 머리를 쥐어짜며 써내야 해서 고통이 심하다고 한다.

나도 최근 몇 년 동안 이런 느낌을 받았다. 모든 준비를 마치고 나서야 일을 하려고 하면 늘 결말이 좋지 않았다. 어딘가 미비하다는 느낌에 손도 대지 못하고 있다가 결국 흐지부지 끝나고 만다. 일을 착수하기 위해 너무 많은 생각을 하다 보면 초조해질 때가 많다. 어떤 일이든 시작하면 한동안은 괜찮지만, 만약 여러 해혹은 몇십 년에 걸쳐 오랜 시간 동안 준비만 해야 한다면 이 과정은 아무런 재미도 없고 지루하고 심지어 절망적이다.

내 공식계정을 오랜 시간 팔로우한 친구들은 알고 있겠지만 나는 2년 반 전부터 시작해서 매주 두 편의 글을 올리고 있다. 지금까지 이 작업은 한 번도 쉬어본 적이 없다. 비록 내로라하는 필력은 아니지만, 사실 몇 번 포기한 적도 있고 중간에 몇 번이나 때려치우고 싶은 충동에 시달렸어도 결국 견디어 내고 있다. 이 공식계정을 운영하며 몇 가지 '발전의 법칙'을 증명했다.

1. 시작은 매우 어려웠다. 글을 쓰기 시작한 첫해에는 굉장히 열정적으로 썼지만 팔로워 수는 4만 명 정도에 불과했다. 후에 팔로워 수가 점점 늘어나며 증가하는 속도가 더 빨라졌다.
2. 나중에 몇 편의 글이 인기를 얻으며 덩달아 공식계정 전체가 비약적으로 발전하였다.
3. 나의 글은 대부분은 일상에서 느낀 소회에 대한 업데이트다. 그래서

오랜 시간 읽다 보면 지겨워질 수도 있기 때문에 몇백 명씩 팔로우를 끊고 나간다. 또 신규 팔로워가 매일 2, 3천 명씩 유입되기도 한다.

내가 대기업에서 일한 시간과 경험들도 이것과 비슷하다. 매일 그저 그런 일들로 지루하고 소소한 일상의 연속이다가 뜻하지 않았던 몇 번의 작은 위기와 기회를 통해 서서히 성장해간다. 나를 잘 아는 친구들은 모두 알고 있지만 2015년까지 나는 여전히 코딩을 프로그래밍하고 있었다. 후에 제품 매니저가 되고 또 그 후에 프로젝트 매니저가 되었다. 그리고 현재 프로젝트 그룹을 관리하고 있다. 이 과정은 내가 개인 공식계정을 운영하는 과정과 거의 비슷하다. 다른 사람들의 일상을 들여다보아도 모두 비슷하다. 생활은 모두 다 똑같이 소소하고 무미건조하며 일정한 시간마다 한 번씩 작은 이벤트가 찾아왔다.

이것이 내가 최근 몇 년 동안의 일부 드라마나 영화를 경멸하는 이유다. 드라마나 영화 속의 거의 모든 인물은 '평범한 길'을 거부한다. 모두 한달음에 하늘 끝까지 닿으려는 듯 삶을 마치 장난처럼 대한다. 물론 드라마뿐만 아니라 많은 영화가 이런 방식의 스토리를 그린다. 분명 이런 내용과 방식은 많은 관중의 노력 없이 결실을 얻고자 하는 욕구와 지름길로 한걸음에 정상에 오르고 싶어 하는 충동에 가장 쉽게 부합한다. 메디컬 드라마는 잘생긴 선

남선녀들이 병원에서 커플이 되는 내용을 다룬다. 의학 관련 책이 얼마나 두꺼운지, 그것을 공부하는 게 얼마나 어려운지, 십수 년의 긴 학습 기간과 인턴 및 레지던트 수련 과정의 고난과 역경을 담지 않는다. 또 법정 드라마는 각종 제복을 입은 남녀들이 커플이 되는 과정을 그린다. 사실 변호사란 직업은 사건 자료를 한 상자씩 봐야 하고 그 어렵다는 사법시험에 합격해야 하며 몸도 마음도 다 망가지는 직업이다. 비즈니스맨도 마찬가지다. 문제를 해결하고 도처에서 자원을 조달해야 한다. 프로그래머들은 대학 시절부터 시작된 탈모가 회사에서 쫓겨날 때까지 이어질 정도로 골머리를 썩이며 일한다는 것을 모두 알고 있을 것이다.

많은 사람들이 코딩 프로그래머들이 하는 일의 대부분은 하루 종일 탁탁 소리를 내며 자판을 두드리는 일이라고 생각하지만 사실은 그렇지 않다. 대부분 문서를 작성하고 이메일을 보내고 코드를 보고 버그를 해결한다. 실제로 코드를 프로그래밍하는 시간은 얼마 되지 않는다. 한 프로젝트 주기에서 코딩 시간은 4분의 1도 안 된다. 중추적 역할을 하는 핵심 프로그래머들이 몇 년 동안 코드 한 줄을 쓰지 않아도 정상적인 상황인 것이다.

나는 모두가 996족(9시 출근, 9시 퇴근, 주 6일 출근)이 되도록 권하는 게 아니라는 것을 말하고 싶다. 생활은 무미건조하다. 심지어 모두가 웃음을 터뜨리는 토크쇼의 출연자도 무대 밑에서는 프로 그래머들의 삶과 비슷하다. 밤을 새워 원고를 쓰고 고치고 또 반복해서 연습한다. 모두가 즐거워하는 순간에도 그들 자신은 웃기 힘들다. 나는 이 분야의 일을 시작한 후에 우울증이 심해져서 어쩔 수 없이 직업을 바꾸게 된 사람들을 몇 명 더 알고 있다.

그렇다. 인생은 사서 하는 고생이다. 그리고 그 고생은 늘 그렇듯 우리의 너무나도 평범한 일상이 되어 있다.

신의 경지에 오를
백만 자의 필력

중국의 웹 작가 문단에는 전해 내려오는 말이 하나 있다. 바로 '백만성신'이란 말이다. 이 단어는 꽤 오랜 시간에 걸쳐 전해 내려오고 있는데 만약 당신이 인터넷 문단에서 '신의 경지'의 반열에 오르고 싶다면 먼저 '백만 자 분량의 글을 써야 한다'는 뜻이다. 중국에서는 약 8만 자 이상(한국에서는 10만 자 이상)부터 장편소설로 분류한다. 이를 기준으로 계산하면 장편소설 12.5권 이상의 분량을 써내면 신의 경지에 오르는 것이다.

내가 이 말을 처음 접한 시기는 2007년으로 기억한다. 그때 나는 이를 대수롭지 않게 여겼다. 그러나 십여 년이 지난 지금, 그 당시 매일 인터넷에 글을 업데이트하던 몇몇 작가는 지금 이미 신의 경지의 반열에 올랐다. 그리고 나머지 작가들은 대부분 문단을 떠났다. '명성'을 얻고 이름의 가치를 이 세계에 떨치게 되는 것은 일련의 기회와 우연으로 이루어진 체계적 과정이 빚어낸 결과다. 전문성 있는 고수라고 해서 명성을 얻을 수 있는 것도 아니고, 유명하다고 해서 반드시 고수인 것도 아니다. 그러나 '백만'이라는 작은 목표를 달성한 모든 사람이 환골탈태의 변화를 겪었다는 것에는 조금도 의심할 여지가 없다.

여전히 나는 어떤 일들에 대해선 확실히 표현할 수는 없지만 '숫자'로 표현되는 것은 명확한 핵심 지표가 된다. 예를 들어 배틀 그라운드 게임을 300시간 넘게 하다 보면 자신의 게임 조작 스킬에 뚜렷한 변화가 있음을 발견하게 된다. 기본적으로 어떤 전장에서는 어디에 전략적 위치를 선점하고, 어떤 무기와 장비를 확보해 어디를 공격해야 할지를 알게 된다. 또 이전에 너무 어렵게 느껴졌던 단순한 스킬들은 전광석화와 같이 빠르게 완성할 수 있다. 한 사람이 코드를 10만 줄 정도 쓰는 것은 마치 책 한 권을 다 저술하고 마침표를 찍는 느낌이 들기도 한다. 어떻게 자신이 이렇게 복잡한 틀과 알고리즘을 구현해 냈는지 모를 때도 많다. 이전에 어떤 웹 소설 작가는 명나라로 타임슬립을 하는 주제의 소설을 썼다. 그는 아귀다툼과 같은 궁중의 암투를 묘사하거나, 이익 구도의 분배, 심지어 어떻게 농사를 짓는지 등을 세세히 집필했다. 나는 작가에게 그 복잡한 것들을 어떻게 생각해 낼 수 있었는지 물었다. 그는 어차피 매일 쓰면서 자료를 계속 찾다 보면, 그 과정이 익숙해져 나중에는 자신이 얻은 지식과 기교를 모두 글 속에 녹여내서 쓸 수 있다고 했다. 그는 한 가지 덧붙였는데 사실 모든 사람에게는 축적된 지식과 경험치가 머릿속에 다 저장되어 있지만, 대다수의 사람은 기초가 너무 약해서 그것을 꺼내 쓸 수 없다고 했다.

백만 자의 글자가 어떻게
신의 경지의 반열에 오르게 할까?

그렇다면 어떻게 해야 저장된 지식과 경험을 꺼내 쓸 수 있는 능력을 훈련할 수 있을까? 뾰족한 수는 없다. 결국 매일 쓸 수밖에 없다. 계속 쓸 뿐이고 쓰기가 어렵더라도 억지로라도 써보는 것이다. 나는 이를 통해 왜 인터넷 문학을 관리하는 각 플랫폼에서 매일같이 일정한 글자 수를 업데이트하라고 요구하는지 이해하게 되었다. 예를 들어 만약 당신이 중국의 인터넷 문학 플랫폼에 글을 써서 올린다면 그 플랫폼은 매일 3,000자 이상의 글을 업데이트하라고 요구한다. 이 숫자를 보거나 들을 때는 별다른 감흥이 없을 수 있다. 그러나 한번 해 보면 그 숫자가 얼마나 힘든 요구인지 알 수 있다. 99% 사람들은 첫 주를 견디지 못한다. 나는 이것이 '이중의 관문'이라고 생각한다. 첫 번째 관문으로서의 의미는 의지가 굳지 않은 사람은 이 문턱을 넘을 수가 없다. 의지박약의 작가 지망생을 인터넷 문단에서 쫓아낼 수 있는 방법이기도 하다.

매일 3,000자의 글을 업데이트하는 것은 분명히 누구에게나 매우 어려운 일이다. 나는 현재 왕성히 활동하고 있는 많은 웹 작가들에게도 물어보았지만, 그들 역시 이것이 매우 어려웠다고 한다. 특히 시작 단계의 몇 년 동안은 매우 고역스럽다.

두 번째 관문으로서의 의미는 작가들에게 끊임없이 자신을 넘어서도록 밀어붙이는 것이다. 결국 자기 자신이 넘어야 할 두 번째 관문인 셈이다. **고수가 되기 위해서는 무감각해져야 한다. 무감각 상태에서 기나긴 지루함을 견디는 시기와 낮은 성취감의 상태를 견뎌내야 하는데 이를 넘어서지 못하면 줄곧 2류 수준을 벗어나질 못한다.**

운명을 결정짓는 것은
성격이 아니다

성격이 운명을 결정한다는 말 자체가 일종의 '자기 한계'를 정하는 것이다. 성격, 재산, 지식, 식견, 사회적 관계 등 이 몇 가지 변수는 모두 서로 영향을 미치고 인과관계를 이룬다. 재산의 증가는 사람의 성격을 주도적이고 명랑하게 만들며 사회관계도 조화롭게 변화시킨다.

　나는 예전에 열등감이 많고 자기 폐쇄적인 사람을 만난 적이 있었다. 그는 원래 은둔형 외톨이 스타일의 엔지니어였지만, 나중에 돈을 많이 벌고 난 후에는 열정적이고 명랑한 사람으로 바뀌었다. 그의 적극적이고 활발해진 모습이 그에게 또 다른 기회와 새로운 재원을 선사하고, 새로운 관계를 맺게 해주었으며, 그를 더욱 밝게 만들었다.

　사람은 '편안한 구역'에 있을 때 자신의 감정과 정서를 표현한다. 예를 들면 어떤 사람은 대인 기피증이 있는 것처럼 낯선 사람 앞에서는 쉽게 당황한다. 그러나 아는 사람들 앞에서는 오히려 생각지도 못했던 밝고 명랑한 면모를 보인다. 이는 이중인격을 가진 것이 아니라 낯선 사람이 자신을 받아주지 않을까 하는 걱정에서 나온 발로다. 다른 사람이 당신을 받아들이지 않을수록 더욱 움츠려들고, 이로 인해 다른 사람은 당신에게 더 무감각해지고 반응을 보이지 않게 된다. 결국 당신은 타인의 무반응과 무관심 때문에 계속 사회적 공포 상태(대인기피증)에 놓이게 된다. 나는 여러분이 자발적으로 공포를 치료하기를 권고하는 것이 아니다. 나는 거의 10년 동안 임시 강사로 일했지만, 아직도 무대공포증이 완전히 나아지지 않았다. 내가 말하고 싶은 것은 성격이라는 것 자체가 100% 변할 수 없는 불변의 것이 아니라 흔히 일종의 개인적 경험에서 비롯된 결과물이라는 것이다. 만약 직장을 옮긴다거나 업종을 바꾸게 되거나 시간이 지나면 성격이 변할지도 모른다.

근육에 저장된 기억이
진짜 기억이다

책 한 권을 읽고 난 후에 과연 얼마나 오랫동안 그 내용을 기억할 수 있을까? 사실 기억을 검증하는 방법은 다 본 책의 내용을 다시 한번 복창하는 것이다. 복창할 수 있는 만큼이 기억하는 정도를 확인할 수 있는 척도다. 책을 읽고 난 뒤 며칠이 지나면 대부분은 잊어버리지만 그중 일부는 머리에 남아 평생을 함께할 것이다. 머릿속에 남은 그 일부분의 기억은 앞으로 능수능란하게 자유자재로 꺼내어 쓸 수 있는 데이터베이스가 된다. 이것이 바로 뇌근육에 저장된 '근육 기억'이다. 우리가 외국어를 배울 때 머릿속에 저장된 몇 마디 문장은 평생 언제 어디서나 쉽게 떠올려 활용할 수 있는 것이 이를 설명할 수 있는 예이다.

프로그래밍도 마찬가지로 자주 사용하는 알고리즘은 많이 다뤄봤기 때문에 조금의 노력을 기울이지 않아도 만들어 낼 수 있다. 조금이라도 자주 사용하지 않는 알고리즘은 끊임없이 시행착오를 일으켜 반복적으로 디버깅해야 한다. 고수와 신참의 차이라면 고수의 근육 메모리에는 도구가 훨씬 많다는 것이다. 고수는 머릿속에 들어있는 공구 상자 속 데이터를 빠르게 꺼내 한 번에 적용할 수 있다. 모든 기업체에 존재하는 고수들은 다 이런 공구함을 보유하고 있는데 이 공구함을 만들기 위해 고수들이 취하는 방법은 바로 '반복 연습을 하는 것'이다. 이 공구함 안의 내용을 근육 기억 속에 저장시켜 고수의 경지에 이른다. 이 문제를 '마음가짐' 차원으로 확대해서 생각해 보면, 더욱 명확히 이해할 수 있다. 어떤 사람은 어떠한 난관이라도 헤쳐 나가고 견뎌내며 앞으로 나아가려 한다. 위기와 도전이 닥쳐올 때마다 피하지 않고 정면으로 맞서는 습관을 들인 사람은 이러한 문제를 처리하는 데 필요한 '마음가짐과 기술'이 근육 기억으로 바뀌어 의도하지 않아도 자연스럽게 대처할 수 있다.

패자의 파티에
참석하지 마라

이 말은 원래 미국 드라마 〈하우스 오브 카드〉[*]에 나오는 대사

---

* **하우스 오브 카드(House of Cards):** 넷플릭스에서 방영한 미국 정치 드라마로 제목인 '하우스 오브 카드(House of cards)'는 카드로 쌓은 집처럼 엉성하고 비현실적인 계획을 의미한다. 또한 미국 하원을 House라고 부르고 Cards가 도박을 의미하므로 권모술수가 뛰어나지만 엉성하고 불안정한 하원을 은유하는 중의적 의미이다.

다. 나는 이 말이 무슨 의미인지 잘 이해하지 못했다. 얼마 전 한 팬이 나에게 상담을 요청한 뒤에야 진정한 뜻을 알게 되었다. 그는 꽤 오랜 시간 동안 어떤 인플루언서를 팔로우했었는데, 그는 각종 사회문제를 비난하고 매일같이 불평불만을 늘어놓는 사람이었다고 한다. 그런데 그를 팔로우하는 시간이 길어질수록 자기 삶의 모든 것이 무의미하다 느껴지고 무기력해지는 것 같다고 했다. 또 자신의 나이가 이제 곧 서른이 되는데도 여전히 아무것도 이루어낸 것이 없어 막막하다고 상담을 요청한 것이었다.

난 그와의 대화를 통해 그렇게 오래 이해하지 못했던 한마디, '패자의 파티에 참석하지 마라'는 말의 의미를 새삼 깨닫게 되었다. 나 자신을 포함한 그 어떤 누구라도 젊었을 때는 이와 비슷한 충동을 느껴봤을 것이다. '이 세상이 멸망해 버렸으면 좋겠다'는 그런 염세적인 인플루언서들을 팔로우하고, 또 그런 대화가 오가는 커뮤니티에 별생각 없이 가입하기도 한다.

문제는 그런 커뮤니티에 가입하여 염세적인 글을 보는 것이 몸과 마음의 건강에 매우 악영향을 끼친다는 것이다. 매일 사회의 어두운 면만을 주시하다 보면 결국 사회는 그대로인데 자신은 점점 폐인이 되어 간다. 그래서 Loser(실패자)들과 함께 어울려 다니면 안 되는 것이다. 어떤 인플루언서들은 설령 자신이 Loser가 아니라 할지라도 특정 집단의 이윤 실현을 위해 그런 부정적인 방향

Chapter 2. 장인(匠人)이 되는 길

으로 움직인다. 사회 비평란 같은 곳에는 많은 Loser들이 모인다. 흥미와 열정이 가득한 마음으로 어느 한 분야에 관심을 두고 집중하다가도 다른 사람이 하는 한두 마디의 말에 휘둘려 흥미가 떨어지는 것처럼 사람의 마음은 매우 연약하고 민감하다. 고가의 물건을 사도록 부추겨 놓고 다음 날 바로 할인 행사를 시작해 손해를 입는 상황이 오면 그 누구도 차액에 대해 보상해 주지 않는 것과 같다고 볼 수 있다.

어쩌면 인류는 선천적으로 비관적이고 나쁜 소식을 선호하는 경향이 있는 것인지도 모른다. 이를 증명이라도 하듯이 많은 사람들이 인터넷에 떠도는 부정적 사례들에 비관적 기대를 하는 모습을 쉽게 찾아볼 수 있다. 나는 이런 일에 관심을 가져서는 안 된다고 말하는 것이 아니라 감정을 진정시키고 이런 것에 치우치지 말라고 말하는 것이다.

사람의 모든 행위의 본질은 모두 마음속의 명령을 이행하는 것이다. 일단 비관적인 생각이 머릿속에 자리 잡고 있으면 어떤 일을 하더라도 집중하거나 자신의 열정을 다 발휘할 수 없다. 중요한 것은 어떤 일이든 당신이 온 정신을 집중해도 반드시 잘 해내리라는 보장이 없는데 딴마음까지 품는다면 잘 될 수 있는 가능성이 더욱더 희박해진다는 것이다.

복잡한 일을 잘 해내고 싶다면 긍정적인 마음가짐과 건강한 몸, 그리고 깊이 있는 지식을 쌓는 것 중에 어느 하나 부족함이 있어서는 안 된다. 우리가 살아가는 일상은 끊임없이 다듬어가고 단련해가는 과정이므로 다른 사람의 영향을 받지 않도록 해야 한다.

학습을 위한 최고의 방법, '85% 법칙' *

당신이 무언가를 배우려고 하는데 만약 배우는 내용이 전부 새로운 것이라면 뇌가 쉽게 과부하되어 낙담하고 상실감을 느껴 결국 포기하게 된다. 반면 이미 알고 있는 것만 배운다면 금세 지루해질 것이다. 그래서 무언가를 배우기에 가장 좋은 황금비율은 이미 알고 있는 85%의 내용에 15%의 새로운 지식이 포함된 것이다. 이렇게 되면 도전하려는 의지를 유지할 수 있고 지루함을 피할 수 있을 뿐만 아니라 낙담과 상실감도 피할 수 있다.

이를 바탕으로 교육은 두 부분으로 나뉘는데 초반의 지식을 쌓아야 하는 파트는 주입식 교육이 위주가 되고, 기초가 다 쌓이면 15%만 새롭게 배우는 즐거운 교육 단계에 이르게 된다. 다른 사

---

* **85% 법칙**: 미국의 신경과학자이자 스탠퍼드 대학교 의학전문대학원의 신경생물학, 정신의학, 행동과학 교수로 재직하고 있는 앤드류 후버만(Andrew D Huberman)이 논문에 발표한 것으로 85% 성공과 15% 실패 경험이 최상의 학습조건이 된다는 내용이다. 인간의 뇌뿐만 아니라 머신러닝에도 적용된다.

람들은 다 쉽게 배우는 것 같은데 당신만 어렵고 힘들게 배우는 것처럼 느껴지는 것은 각기 다른 학습 단계에 있기 때문이다.

사실 우등생들은 모두가 그렇듯이 주입식 학습을 해야 하는 초기의 힘든 단계를 빠르게 뛰어넘어 후반부 15% 학습 단계로 재빨리 진입한다. 그래서 배우면 배울수록 배움의 속도가 더 빨라진다. 최근 몇 년 동안 만나 본 여러 고수들을 통해 그들도 새로운 기능을 배우는 과정이 기대만큼 결코 빠르지 않았다는 것을 발견했다. 그러나 그들은 매일 집중하고 시간과 노력을 기울여 15%의 학습 단계에 들어간다. 다른 사람들과 비교해 보면 성과가 좋지 않은 일부 사람들은 무언가를 배우고는 있지만 집중하지 않고 투자하는 시간이 너무 짧아서, 지식을 쌓아야 하는 85%의 기초 구축 단계를 넘어서지 못하고 15% 학습 단계에 앞에서 무너지고 만다.

고수가 되기 위해서는 지루함과 성취감이 떨어지는 긴 암흑과 같은 시간을 무감각한 상태에서 보내야 한다. 이 시기를 넘어서지 못하면 평생 2류 수준에 머무를 수밖에 없다.

연봉 1억 vs 순이익 1억, 무엇이 더 달성하기 어려운가?

    내가 요 몇 년 동안 만나 본 연봉 1억 원 이상의 수입을 받는 사람은 모두 하나같이 명문 학교를 졸업하고 죽을 만큼 고생하는 획일화된 생활을 하고 있었다. 또 내가 만나 본 사람 중 순이익으로 1억 이상을 버는 사람들은 다양한 사업 분야에 종사하고 있다. 작은 공방 사장, 영세 자영업자, 하청업자, 꼬치구이 가게 사장, 채소 노점 아주머니, 인터넷 쇼핑몰 주인, 의류 블로거 등 각계각층에 널리 퍼져 있다. 기술을 통해 1억 이상을 버는 직종은 개인의 지식과 기술에 대한 요구가 특히 높아서 대부분 기술 천재에 가까웠다. 정말 그런 사람들은 어떤 문제든 한 번 보면 모르는 게 없는 고수 수준의 장인이 되어야만 한다.

다시 말해 회사에 고용되어 높은 임금을 받는 쪽은 진입 장벽이 너무 높다. 그러나 사업을 통해 고액의 소득을 얻는 쪽은 상대적으로 진입 장벽이 낮다. 물론 사업이 쉽다는 게 아니라 단지 '진입 장벽이 낮다'는 것이다. 생각해 보면 연봉 1억 원을 받을 수 있는 직위는 몇 개 안 되지만 사업할 수 있는 요구 기준은 비교적 낮다. 초등학교 동창 한 명은 고등학교도 졸업하지 못했지만 바오토우包头(네이멍구에 위치한 도시)에서 자동차 공업사를 개업했다. 지금은 세차장 사업과 꼬치구이 사업을 겸업하고 있는데 조만간 미용실도 개업할 예정이다. 이 친구는 연간 순이익 1억 원 이상을 예상하고 있다. 나 역시 오랜 시간 동안 1인 미디어를 부업으로 해 왔고 이 일을 통해 얻은 바가 크다.

　사업의 가장 큰 특징은 무작위성으로 때를 잘 만나면 벼락부자가 될 수 있으나 회사에 고용되어 출근하는 것만큼 안정적이진 못하다. 회사에 출근하면 내일 자신이 무슨 일을 할지 어떤 상황에 처할지 대략적으로 예상이 가능하다. 그러나 자기 사업을 한다면 반년 뒤 어떤 상황에 처할지 예측하기 힘들다. 예전 동료 중 한 명이 꼬치구이 가게를 열었는데 개업하던 해에는 사업이 번창해서 많은 돈을 벌었다. 탁월한 마리네이드marinade(고기 재우기) 기술을 가지고 있었기에 가능했다. 그러나 올해는 비슷한 가게들이 많아지면서 생각보다 장사가 안돼 몇천만 원에 달하는 큰 손실을 입으며 문을 닫았고, 내년에 경기가 좋아지면 다시 개업을 하려 준비 중이다.

고용되어 일할 때는 두 차례의 가치 평가 과정을 거치게 된다. 첫 번째 가치가 평가되는 곳은 시장이고, 두 번째는 고용된 기업의 시스템 체계 내에서 평가된다.

'시장에 의한 평가'란 먼저 시장의 입맛에 맞아야 자신이 만들어낸 제품이 팔려나갈 수 있다는 뜻이다. 그리고 시장의 반응을 보고 고용주가 다시 한번 평가한다. 이 두 차례 평가를 거쳐 회사는 시장에서 받은 돈 중 일부를 고용인에게 나누어 준다. 이때 고용인은 수익 배분에 대한 주도권이 없기 때문에 제품 개발 시 가장 큰 노력을 기울이고 크게 기여했음에도 이익을 배분받을 때는 큰 목소리를 낼 수가 없다. 바로 이 지점에서 직장인과 사업가의 수익에 엄청난 차이가 발생한다. 예를 들어 내가 개발한 코드를 회사가 수만 대의 서버에 장착해 엄청난 수익을 창출한다면 서버 한 대를 팔 때마다 나에게 그 이익을 좀 나누어 줄까? 물론 그럴 일은 없다.

하지만 자기 사업을 하면 다르다. 제품이 시장 수요에 맞는다면 계속 팔 수 있고 그럴 때마다 끊임없이 수익이 생긴다. 당연히 물건이 팔리지 않으면 그 책임도 본인이 져야 한다. 자기 사업을 할 때, 단순히 기성 제품을 판다면 대체로 많은 지식과 높은 지능을 필요로 하지 않으며 사업가의 학력 따위를 상관하지 않는다. 또한 파는 제품이 하이엔드high-end* 제품이면 돈을 더 벌고 저급이라고 돈을 못 버는 것은 아니다.

직장 생활을 하며 1억 원의 연봉을 달성하기란 매우 어렵다. 앞에서 언급한 대로 전문적인 기술과 상당히 긴 시간이 소요된다. 그러나 만약 당신이 무슨 장사를 할지 계획과 목표만 확실하다면 그 해에 순이익 1억 원을 달성하기는 생각보다 쉽다.

몇 년 전 아프리카 사무소에 주재원으로 나간 동료가 있었다. 그는 그곳에서 현지 사람들의 경제적 상황이 매우 어렵기는 했지만 어떤 방면의 수요는 지속적으로 있다는 것을 알게 되었다. 예를 들면 아프리카 사람들도 휴대전화가 필요하고, 화려한 옷을 입고 싶어 하고, 자전거를 타고 싶어 한다. 그래서 이 동료는 과감히 회사를 그만두고 국내의 중고물품을 아프리카에 팔았다. 그의 주 수출 품목은 구제 옷, 중고 핸드폰, 중고 공유 자전거 등이었다. 해상 운송비 또한 비교적 저렴해서 원가를 낮출 수 있었기에 수익

---

* **하이엔드(high-end)**: 비슷한 기능의 기종 중 가장 성능이 우수한 제품을 뜻한다.

을 극대화할 수 있었다. 비록 이 물건들은 가격이 싸서 개별 단가는 낮지만 이를 통해 벌어들이는 총수익은 높았다. 그의 사업은 날로 번창해서 현재는 수출하는 품목도 다양해졌고 물량도 늘었다.

한 마디로 축약해 다시 말하자면 '장사는 하이엔드 제품, 고학력, 하이테크놀로지 등의 우수한 자질'에 의존하지 않는다는 것이다. 기업에 고용되어 연봉을 받는 것과 자기 사업을 하는 것은 전혀 다른 차원이기 때문에 다른 평가 체계가 적용될 수밖에 없다. 둘 중 어느 것이 더 달성하기 어려운가를 논하는 것은 출퇴근에 얽매인 직장인의 사고방식에서 나온 표현일 뿐이다.

연봉 1억을 받기 위한
8가지 비법

　나는 모 대기업에서 10년간 일했는데(여전히 일하고 있다) 6년째 되었을 때 임금, 주식, 포상금, 출장 수당, 초과 근무 수당(주말과 휴일에는 두 배 수령) 등을 합치면 연 수입이 거의 백만 위안(한화 약 1억 8천만 원)을 넘었다. 이 숫자들은 듣기에는 엄청난 금액이지만 사실 연봉 3천만 위안(한화 약 5천 4백만 원)을 받을 때와 비교하면 생활 수준은 크게 달라지지 않았다. 사실 연봉 3천만 위안은 일종의 경계선이다. 이 금액이 초과하고부터는 행복 체감의 차이가 크지 않다. 오히려 '연 수입이 3천만 위안이 넘으면 얼마까지만 벌고 퇴직해야겠다'거나 '일할 수 없게 되기 전에 더 벌어야겠다'거나 하는 잡생각만 들게 된다. 그러나 '어차피 돈을 모아야 한다'라

복잡한 세상의 현자

는 생각이 들면 일 년에 얼마를 벌어도 눈에 띄는 마음가짐에 변화가 없다.

지금부터는 연봉 1억 원을 어떻게 달성할 수 있는지에 대해 논해보고자 한다.

1. 능력(보유한 기술)만으로 연봉 1억을 돌파하기란 어렵다

물론 능력으로 돌파한 사람들도 있겠지만 일부에 불과하다. 투입한 노력과 거두어들일 수 있는 수확의 결과는 절대 비례하지 않기 때문이다. 능력만으로 고액의 연봉을 받는 것은 당신을 지치게 할 것이다. 농담이 아니라 어쩌면 과로로 죽을 지경에 이를 수도 있다.

2. 높은 수입을 얻고 싶다면 리더가 되어야 한다

리더가 된다고 해서 자신의 생산력이 올라갔다는 것도 아니고, 그렇다고 해서 리더가 된 한 사람이 세 명의 몫을 하는 것도 아니다. 그러나 다른 사람의 노동을 잘 관리해 성과를 얻었다면 그 능력 자체를 인정받을 수 있는 기회가 생긴다. 하지만 리더가 되려면 상위 리더의 발탁을 받아야 하므로 가장 중요한 일은 리더, 즉 부서장과의 관계를 잘 관리하는 것이다.

당신과 부서장의 관계는 일반적으로 세 단계 중 하나를 거친다.

1단계는 먼저 부서장이 당신에게 시키는 일이 갈수록 많아진다. 예컨대 부서장에게도 걱정거리는 충분히 많다. 이때 부서장이 당신에게 맡긴 일을 잘 처리한다면 그의 일과 생활에 큰 버팀목이 될 것이다. 앞으로 만약 추천할 기회가 생긴다면 부서장은 아마도 당신을 우선적으로 고려할 것이다. 그는 여전히 당신이 자신을 더 많이 도와주기를 바라기 때문이다.

2단계는 부서장과 가끔 밥을 먹고 한담을 나눈다. 이때 주의해야 할 점은 그가 사적으로 속마음을 털어놓아도 이 얘기는 절대 함구해야 한다. 소문이라는 것은 응당 빨리 퍼지기 마련이므로 당신이 부서장에 대해 언급한 말은 그 어떤 내용이라도 곧 다시 그의 귀로 들어가게 될 것이다.

3단계는 부서장에게 어려운 문제가 있으면 같이 방안을 강구한다. 예를 들면 부서장의 상사가 그에게 일을 맡겼는데 어떻게 해결해야 할지 몰라서 당신과 함께 아이디어를 내고 싶어 하는 상황이다. 이 단계에 있다면 당신은 기본적으로 부서장이 자기 사람이라고 느끼는 대상이다. 만약 당신이 탁월한 방안을 제시하는 상황이 많아지면 그가 앞으로 승진해서 높은 자리에 가게 되었을 때 기본적으로 당신을 끌고 갈 것이다. 리더에게 있어서 가장 중요한 것은 믿을 만하고 자기 일을 도와줄 수 있는 관계를 만드는 것이다. 높은 자리에 오를수록 실무를 직접 할 수 없는 노릇이니 믿고 맡길 수 있는 '자기 사람'을 만들 수밖에 없다. 부서장에게 자주 얼굴을 비치고 일을 맡아가며 천천히 관계를 맺어 신임을 얻어야 한다. 그들은 자기 일을 처리할 수 있는 믿을 만한 사람을 찾아 자신만의 작은 세계를 구축하여 무슨 일이 있으면 내부적으로 해결하려 하기 때문이다.

리더십은 천부적인 재능이라 할 수 있다. 어떤 사람들은 선천적인 리더자로서 매우 빠른 승진도 하지만 그렇다고 자신의 리더십이 약하다고 절망할 필요는 없다.

리더를 따라다니는 것도 나쁜 선택은 아니다. 리더는 자신이 가는 곳마다 당신을 데리고 다니며, 자신이 승진하면 당신에게도 승진할 기회를 제공한다. 능력이 탁월하지 않은 자가 지위가 높다면 그는 자신이 따르던 리더를 따라 승진했을 가능성이 크다.

3. 주어진 업무는 최선을 다해 성심성의껏 처리해야 한다

가장 바람직한 상태는 적시성과 정확성을 겸비하여 최대한 신속하게 맡은 임무를 완수하는 것이다. 미루지 말고 속전속결로 처리하며 동시에 주도적으로 업무 진도를 보고해야 한다. 절대로 진행 추이를 상사가 먼저 묻는 상황을 만들어서는 안 된다. 만일 일이 단기간에 해결되지 않는다면 반드시 일일 보고를 하여 무엇이든 정확히 처리해낸다는 이미지를 만들어라. 사회는 대체로 세 번의 기회를 주지 않는다. 그래서 어떤 일이든 두 번의 실수를 한다면 세 번째 기회는 없을 것이다. 모든 일을 당신의 상사가 안심하도록 처리한다. 이렇게 하면 그는 무슨 일이든 모두 당신을 찾아 해결하려고 할 것이다. 때로는 당신에게 주어진 임무가 매우 낮은 수준의 보잘것없는 일이라 할지라도 절대로 함부로 처리해선 안 된다.

4. 보고(브리핑, briefing)에 능숙해져야 한다

보고를 잘하기 위해서는 옆자리의 동료를 최고의 스승으로 삼아라. 만약 똑같은 업무에 대해 보고할 때 당신은 이 제품의 어떤 기능을 보완했는지를 보고했는데, 당신의 동료는 난제를 어떻게 풀었는지, 얼마나 많은 사용자에게 서비스를 제공하고, 얼마의 예산을 절감했는지 등등을 포함해서 당신이 생각지 못했던 사항을 파악해 보고했다. 이럴 때 그들의 디테일한 보고 내용을 잘 배워야 한다.

대부분의 사람은 당신이 도대체 무슨 일을 하고 있는지 모른다. 모두 당신의 말 한마디에 의지할 뿐이다. 업무 보고의 기교는 천천히 자신에게 맞는 방법을 익혀가면 된다. 한 번에 다 습득하려 들면 체할 수밖에 없다. 윗사람에게 과장된 말로 포장하다가 오히려 믿을 수 없다는 인상을 주면 역효과가 날 수 있다. 이 말을 마음에 새겨두고 천천히 깨닫고 방법을 배우면 된다. 말주변이 없는 것은 그리 큰 문제가 되지 않는다. 가장 문제가 되는 것은 말주변은 없는데 말이 많은 것이다.

5. 겸손함을 유지하고 친근하고, 엄격하게 대하라

팀장급 정도의 리더가 된 후에는 권위적인 사람이 되지 않도록 경계해야 한다. 부서원들에게 식사도 대접하고 개인적인 만남을 통해 마음을 털어놓고 이야기하면서 유대감을 형성하는 것이 중요하다. 그 과정에서 누가 근면 성실하고 책임감이 강한지를 신중히 판단해서 중요한 일을 맡겨야 한다. 중간 관리자급의 리더가 되고 나면 당신은 기술적인 전문성 측면에서는 퇴보할 수 있다. 이때 억지로 기술 분야에 대한 전문성을 확보하려는 노력보다는 상사와 더 많은 이야기를 나누고 당신의 팀에 유리한 여건을 조성하는 데 노력해야 한다. 실수를 포용할 수 있는 넓은 마음을 가져야 하며, 부하직원의 말을 무시해서는 안된다. 특히 부서원의 능력이 만족스럽지 않을 때도 끌어안을 줄 알아야 한다. 어떤 사람들은 전문성은 떨어지지만 부서 분위기를 밝게 만드는 재주가 있어 활력을 불어넣기도 한다. 그리고 업무를 인계할 때는 반드시 엄격하게 확인해야 하며, 부서원이 둘러대는 말이나 거짓말에 쉽게 속아서는 안 된다. 일단 부서원이 상사인 당신을 속이기 쉬운 인물이라고 생각한다면 큰 사고가 날 수도 있다.

6. 노는 듯이 즐기는 일이 최고의 스킬이다

일을 하면서 누구든 자신의 적성과 잘 맞기만 한다면, 평생토록
그 직업에 종사해도 별문제가 되지 않으리라 생각했다. 그러나 보
통 사람들은 30대가 되면 심리상태가 불안정해진다. 여기서 말하
는 심리상태란 '일을 대하는 마음가짐'이다.

그렇다면 직업에 종사하기에 적합한 사람은 어떤 유형의 사람
일까? 귀찮고 번거로운 일을 두려워하지 않으며, 다른 곳에 한눈
팔지 않고 일하는 것을 노는 듯이 즐겁게 임해야 한다. 이 말에 대
부분 "일을 하면서 노는 것처럼 즐겁게 일하는 사람이 도대체 어
디 있겠는가?"라고 반문하고 싶을 것이다. 그러나 대기업에서 중
추적 역할을 하는 임원들은 대부분 이런 사람들이다.

사람은 모두 타고난 재능이 있는 분야가 있다. 그런 재능을 찾
아 일과 연결시킨다면 노는 듯이 즐기며 일할 수 있다. 즐겁게 하
는 일은 지능으로만 만들어 낸 산출물보다 훨씬 뛰어나다. 어떤
사람은 기술 방면에 재능이 있어 이 분야의 일을 할 때면 항상 즐
겁게 일한다. 이런 사람은 기술 분야에 있어서는 기본적으로 뒤처
질 수가 없다.

많은 젊은이들이 경력도 짧고 인생 경험도 부족한 탓에 일을 하

는 데 가장 큰 영향을 미치는 것은 근본적으로 그 '일' 자체가 아니라는 것을 이해하지 못한다.

내가 가장 고통스러웠던 초창기의 경험을 말해 보겠다.

10년 전 막 입사하여 겨우 두 달 출근했을 때 회사에서 뜻밖에도 7천 위안(한화 약 130만 원)의 보너스를 지급하였다. 그때는 상당히 기뻤으나 후에 입사 동기였지만 다른 팀에 근무하던 선배가 3만 위안(한화 약 540만 원)을 받았다는 얘기를 듣고 나서는 한동안 마음이 착잡했었다. 그리고 불과 3년 후 대표님은 나에게 10만 위안(한화 약 1,800만 원)의 주식을 스톡옵션으로 주었지만, 그 선배에겐 1만 위안(한화 약 180만 원)의 주식만 주었다. 그 후 얼마 지나지 않아 그 선배는 사직했다. 그 선배가 떠날 때 나에게 이런 말을 했다.

"가깝지 않은 직원이 나보다 많이 받는 것은 참을 수 있는데 나와 가까운 사람과 이렇게 차이가 심한 것은 견디기 어렵다."

이는 올바른 생각이 아니라는 것을 알지만 마음이 괴로운 것은 사실이다. 이런 일은 후에도 여러 차례 발생하였다. 때로는 내가 상처를 받기도 하고, 또 내가 다른 사람에게 상처를 주기도 하면서 말이다. 나는 비교적 포커페이스를 잘하는 편이라 잘 넘겼지만 적지 않은 사람들이 이를 견디지 못하고 떠났다.

이처럼 소득이라는 것은 사회 전체와 비교되는 것이 아니라 내 주위의 사람들과 비교되기 때문에 상대적 박탈감으로 더 많은 상처를 준다. 당신이 이미 매우 높은 수입을 얻고 있어도 친구나 비슷한 조건의 사람들이 더 많은 수입을 얻으면 당신은 아마 매우 우울해질 것이다.

많은 사람이 2년에 한 번씩 직장을 옮긴다. 이직하면서 연봉 협상을 통해 임금을 올리려는 목적도 있지만, 한편으로는 자신의 대우에 만족하지 못하기 때문이다. 직장을 옮기면 월급이 올라 자신의 인생이 업그레이드되는 것 같지만 한편으로는 다른 자원들이 사라지는 상실을 맛봐야 한다. 단기간에는 월급이 비교적 중요하지만, 장기적인 안목으로 보면 월급이 모든 것을 상쇄할 수 없다. 회사를 자주 옮기다 보면 영향력이 강한 관리자 계층에서는 당신의 존재가 그다지 크게 느껴지지 않는다. 명단에서 당신의 이름을 보아도 아무 감흥이 없고 기회는 그들이 인지하는 다음 사람에게로 넘어간다.

7. 능력보다 중요한 것은 '체력'이다

어쩌면 이 문제가 가장 중요한 핵심 포인트인데 왜 전에는 신체적 여건에 관해 심도 있는 생각을 안 했는지 모르겠다. 예전에 나를 따르던 몇몇 중간관리자를 보면 그들은 쉬는 날이 거의 없었다. 일한 만큼 돈을 많이 벌 수 있었던 것도 아니었고 열정페이를 받으며 그 생활을 버텨왔다는 게 맞다. 내가 회사에 막 입사했을 때 우리 팀에 업무적으로 뛰어난 영재가 한 명 있었는데 그는 마치 잠을 잊은 사람처럼 매일 새벽 1시가 넘어야 퇴근했고, 또 아침에 가장 먼저 출근했다. 그가 승진한 후 우리와 함께 식사할 자리가 생겼을 때 누군가 그 세월을 어떻게 버텨냈는지 물으니 본인은 전혀 피로를 느끼지 못했다고 대답했다.

신체적 여건은 제각각으로 사람마다 강력한 차이가 난다. 어떤 사람은 건강을 타고났다지만 그렇지 않은 사람들은 평소 운동을 통해 체력을 길러야 한다. 사람은 일생 동안 매우 긴 시간을 살지만 사실 목표를 향해 고군분투할 수 있는 날은 고작 몇 년에 불과하다. 게다가 노력은 시간이 갈수록 그 가치가 점점 낮게 평가된다. 여러분도 중고등학교 시절에 들인 노력이 현재에 가장 큰 영향을 끼치진 않았나 한번 되돌아보길 바란다. 막 학교를 졸업하고 몇 년 동안의 시간이 아마 가장 큰 영향을 미쳤을 것이다. 시간이 갈수록 실력은 떨어지고 재능도 크게 나아지지 않는데 건강마저 좋지 않다면 이는 치명적인 결함이 될 수 있다.

8. 오래 길게 머물 수 있는 곳을 택하라

'내가 더 이상 일을 할 수 없게 되면 그때는 어떻게 해야 하나' 이 문제에 대해 여러 해 동안 생각해 왔다. 지난 10년 동안 주변의 사람들이 여러 번 바뀌었는데 특히 최근 2년 동안 이런 문제를 자주 맞닥뜨렸다. 일부는 나처럼 각 기업의 중간 경영진에 올라가 매일 퇴출당할까 걱정하고 있다. 비교적 적은 수이긴 하지만 일부 사람들은 관리직이 아닌 기술직 분야에 지속적으로 머무른다. 위에서도 언급했지만 이는 임금의 문제가 아니라 마음가짐에 달려 있다. 현재도 많은 사람이 대기업을 떠난 후 계속 그때처럼 힘들게 일하고 싶어 하지 않는다. 이런 생활을 지속할 수 없다고 느끼기 때문에 집 한 채를 마련하고 나면 공기업 쪽으로 방향을 전환한다. 보수는 대기업과 비교할 수 없을 정도로 낮은 수준이지만 업무량이 많지 않아 삶의 질이 향상된다. 건강을 회복한 후에는 오히려 부업도 조금씩 할 수 있다. 은사님께 들은 바로는 사람은 30~40대가 되면 큰 병을 한 번 앓고 인생관이 바뀌게 된다고 한다. 예컨대 어떤 사람들은 자신이 언제든지 죽을 수 있다고 생각하기 때문에 앞으로 돈을 적게 벌더라도 기왕이면 가족들과 더 많은 시간을 보내는 것이 낫다고 생각하는 것이다. 따라서 밤을 새울 필요도 없고 과로하지 않아도 되는 중소도시로 삶의 터전을 옮겨 편한 곳을 찾아 머무른다.

내가 아는 젊은 친구 한 명은 전문성과 성실성을 겸비했지만, 고도비만과 기저질환에 시달렸다. 그러던 어느 날 그는 갑자기 다니던 회사를 사직하고 종전의 수입과 비교했을 때 70%나 감소한 수준의 공기업으로 이직했다. 그런 상황에서도 그가 유일하게 후회하는 일은 바로 대기업에서 오랜 시간 재직한 일이라고 한다. 조금 더 일찍 퇴사했더라면 밤샘 근무를 할 필요도 없었을 것이고, 이렇게 건강을 해치진 않았을 것이기 때문이다.

일반적으로 많은 사람이 대기업을 선호하지만 사실 많은 중소기업 역시 똑같은 직군이 필요하다. 중소기업은 월급은 적어도 대기업처럼 죽자 살자 매달리지 않아도 되기 때문에 가족들과 함께 있을 수 있는 시간이 많아진다. 이런 상황이 한창 일할 나이에는 다소 야망도 꿈도 없어 한심하다 생각될 수 있지만 5년 10년 후에는 뜻밖에도 자신이 그 단계에 이르렀다는 것을 알게 된다. 결혼, 아이, 자신의 건강 문제 등 신체 나이가 들어갈수록 이런 일들은 모두 사람의 관념을 변화시키고 그래서 삶에 부여하는 가중치가 서서히 변하게 된다.

Chapter 2. 장인(匠人)이 되는 길

미미한
시작으로
거대한 성장을
이루는 길

개천에서 난 용은
개천에서만 살아야 할까?

우리 속담에 '개천에서 용 난다'라는 말이 있는데 요즘은 '개천에서는 용이 나올 수 없다'라는 말로 바뀌어 통용되고 있다. 중국에서도 '소천작제가^{小鎮做題家}'라는 말이 유행하고 있다. 이는 두 국가의 작금의 시대상이 반영된 관용적 표현이라 볼 수 있는데 '여유롭지 못한 환경에서 태어나면 아무리 타고난 재주가 출중하여도 출세가 힘들며, 설령 출세한다고 하더라도 식견이 좁아 경쟁력이 떨어진다'는 뜻을 담고 있다. 그래서 '개천에서 난 용'들은 출세하고 나서도 여전히 '바다에서 태어난 용'들에 비해 경쟁력이 떨어진다. 자신의 삶은 여전히 자기 통제하에 있지 않다는 것을 깨닫고, 바뀌지 않는 현실에 낙담하면서 다시 개천으로 돌아가 비숫한 처지의 사람들끼리 서로를 위로하며 산다. 참으로 슬픈 현실이다.

 '개천에서 난 용'들은 '대입 수능 점수는 높으나 능력은 뒤떨어지는 사람'을 묘사하기도 한다. 하지만 나는 사람이 보유한 능력치는 언제나 변할 수 있다고 생각한다. 30대까지 별 볼 일 없던 사람들도 어느 날 갑자기 '능력자'로 변모할 수 있다. 어떤 친구들은 대학도 졸업하기 전부터 소위 잘나가는 사람으로 칭송받았지만, 얼마 지나지 않아 별 볼 일 없는 사람으로 전락하기도 했다. 이와 다르게 최근 만나 본 고위직의 몇몇 사람은 명문대 출신도 아니고 능력도 그저 그런 수준이지만 사회생활을 상당히 잘하고 있으며, 또 어떤 사람들은 내성적인 성격에도 불구하고 대단한 능력자로 평가받으며 조직에 융화되어 잘살고 있다. 엔지니어들로 구성된 과학기술 업계에서 내성적인 성격은 분야에 최적화된 인품으로 평가되기 때문이다. 반면 내성적인 성격인데도 영업 분야나 증권업계에서 성공을 거둔 사람들도 종종 있다. 그래서 우리는 직업을 선택하는 데 있어 이런 성격은 이런 직업에 적합하다고 성급한 일반화의 오류를 범할 게 아니라, 지리적 여건 및 시대적 상황 등 여러 요소를 다방면으로 고려하여 검토할 필요가 있다.

Chapter 3. 미미한 시작으로 거대한 성장을 이루는 길

역사에 비추어보아도 자원보유량, 교통 상황, 식량 생산 능력 등의 요소들이 사회의 발전 여부에 직접적인 영향을 미쳤음을 알 수 있다. 항구도시의 발전사를 보아도 '상하이' 같은 도시는 천 년에 걸쳐 고요한 도시에 머물렀으나 국제무역이 성행하면서 천 년의 정적을 깨고 곧바로 세계적인 무역도시로 발돋움했다. 홍콩 역시 광저우의 항구와 연해에 있어 홍해와 지중해를 연결하는 수에즈 운하가 건설되기 전부터 이미 세계적인 무역도시로 자리매김하고 있었다. 비록 사막에 위치하고 있을지라도 교통의 요지에 있다면 그 도시는 발전의 여지가 충분히 있다.

　　사람 역시 마찬가지다. **출신 배경이 인생의 발전에 결정적 영향을 끼친다는 것은 자명한 사실이지만, 그럼에도 불구하고 일생을 살면서 대역전극을 펼칠 기회는 여러 번 찾아온다. 비슷한 배경에서 태어났더라도 서로 다른 위치에 있으면 전혀 다른 결과를 맺는다.** 나는 지금 '재벌 2세', '금수저'들을 말하려는 것이 아니다. 일반적인 보통의 평범한 사람이 대도시와 소도시에 살면서 얻을 수 있는 결과와, 같은 도시에 있을지라도 대기업의 직원으로 사는 것과 공무원으로 사는 결과는 완전히 다르다. 처해 있는 위치가 사람에게 미치는 영향은 우리의 상상을 초월할 정도로 강력하다. 이러한 지역적, 혹은 사회적 위치는 사람의 진로뿐만 아니라 생각이나 관념, 심지어 삶의 태도까지 변하게 한다. 우리가 흔히 말하는

'부자들의 생각', '가난한 사람들의 생각'이 다른 이유는 '서로 다른 위치에 있어서 다른 사고'가 생겨나기 때문이다.

어디서 태어났느냐보다 중요한 것은
누구와 함께 있느냐이다

사람은 다음의 4가지 계층으로 나누어 볼 수 있다.

- S급: 최정상의 고수

- A급: 일반적인 고수

- B급: 보통 사람

- C급: 사고가 비정상적인 사람

S급 계층에 있는 최정상 고수들은 공평한 환경에서는 절대적인 능력자로서 무엇을 하든 기본적으로 보통 사람들보다 잘할 수 있는 '넘사벽'의 존재다. A급 계층의 일반적인 고수나 B급 계층의 보통 사람은 A와 B 두 계층을 서로 넘나들 수 있다. 이 두 계층 간의 차이는 그다지 크지 않기 때문이다. 도전성과 스트레스가 높은 환경 속에 놓여 끊임없이 강도 높은 임무를 수행하다 보면 한동안은 별다른 큰 변화를 감지할 수 없겠지만, 시간이 흐를수록 상상 그 이상으로 능력치가 상승한다. 지극히 평범한 학생이 수능 만점

Chapter 3. 미미한 시작으로 거대한 성장을 이루는 길

을 기록할 수 있는 것도 고등학교 재학 중 천신만고의 노력이 결실을 맺으며 B급에서 A급으로 계층 이동을 했기 때문이다.

이와 반대의 경우도 있다. 원래 두뇌가 명석하고 명문대학교를 졸업한 전도유망한 재원이라 할지라도 졸업 후 매일 일정한 포맷의 문서만 작성하고 청소 등의 단순한 잡무만 처리하다 보면 '빈 칸 채우기의 달인'으로 전락하고 만다. 또 다른 예를 들자면 어떤 사람이 900점 이상의 토익TOEIC 점수를 받았어도 영어를 쓰지 않는 환경에서 지내다 보면 십여 년 후 그의 영어 실력은 필경 형편 없어질 것이다. 또 모국어조차 유창하게 구사하지 못하는 사람이라 할지라도 자국민들과 교류하지 않고 외국에서 오랜 기간 지낸다면 그는 분명 영어의 고수가 될 것이다. 그러므로 출신 대학교보다는 졸업 후 찾은 환경의 위치가 더 영향력이 크다. 더 오랜 시간 영향을 미쳐 생각까지 변화시킬 수 있기 때문에 더 결정적이라 볼 수 있다.

환경은 인간의 사고를 변화시키고, 사고는 개인의 상황에 영향을 끼치기에 결국 인간의 사고 역시 변화된다. 명문대를 졸업하고 고향으로 돌아가 유명한 통신업체에 입사한 동료가 있었다. 이 선택을 하던 당시에는 많은 이들의 부러움을 샀다. 그러나 몇 년의 시간이 흐르고 그 회사의 상황이 악화일로를 걷게 되었다. 이윤은 떨어지고 부서 내 사람들은 자신의 이익을 다투기 위해 심한 반목을 야기했다. 거기다 3년 동안 임금이 동결되다 못해 삭감되는 지경에 이르자 결국 그는 서른 살에 다시 베이징으로 향하는 기차표를 끊어야 했다. 그의 말을 빌리자면 '어차피 망한 것, 모 아니면 도'라고 했다. 상황이 이보다 더 나빠질 리 없으니 모험을 걸어보겠다는 것이다.

대도시에서의 사회 조직은 각 계층이 이어져 있어 '환경'이 사람에 미치는 영향성이 더욱 뚜렷이 보인다. 계층 간 상한선이 명확하기 때문에 그 계층을 뛰어넘어 끝까지 살아남은 1인이 될 수 있도록 노력해야 한다. 그러기 위해선 누군가에 의해 발탁되어야 하고, 타인의 의지로 운행되는 급행열차에 다른 사람들과 함께 올라타야 한다. 사실 우리가 말하는 환경이란 주변의 다양한 사람들이 자신에게 미치는 영향을 일컫는 것이다.

채용 사이트의 게시판을 보면 '우리 과장은 머리가 나쁜데 도대체 어떻게 몇억의 연봉을 받는지 모르겠다'며 불평불만을 늘어놓는 사람들이 많다. 이 사람들은 자기 상사의 진면모를 보지 못했을 가능성이 높다. 하지만 그가 정말 무능력하다면 회사에 입사한 뒤 우연히 성공한 프로젝트에 참가하고, 또 그 프로젝트가 사업부로 승격되어 회사의 중역이 되었을 가능성도 있다. 만약 이런 상황이라면 그의 입지는 더욱 굳건하다고 볼 수 있다. 능력이 평범

Chapter 3. 미미한 시작으로 거대한 성장을 이루는 길

하다 할지라도 그가 사고를 치지 않는 이상 회사의 원로 공신은 보호하기 마련이다. 원로 중역들 역시 자신을 지지하는 기반이 절실히 필요하기 때문이다.

우리는 모두 자신의 실력을 키워야 한다. 특히 낮은 계층일수록 다른 계층에 비해 공평한 자율 경쟁체제 안에서 비교적 공정한 규칙이 적용되기 때문에 자신의 능력과 노력에 비례한 결과를 얻을 수 있다. 상위 계층으로 올라갈수록 '지연', '학연', '혈연' 등의 인맥이 작용하는 '그들만의 리그'가 열린다. 하다못해 게임의 세계를 봐도 알 수 있다. 게임을 할 때 최상위 유저들은 서로를 다 안다. 높은 계층일수록 인원수가 적어지기 때문에 '지인사회'로 변하기 때문이다. 부자는 더욱 부자가 되고, 가난한 자는 더욱 가난해진다는 '마태 효과Matthew effect'가 여기서 그 힘을 발휘한다.

당신의 능력이 탁월해지면 당신을 돕는 사람의 능력도 탁월해지고 결국 당신이 속한 그룹의 능력치는 기하급수적으로 증대된다. 반면에 불행하게도 당신이 끝도 없이 가라앉는 배처럼 쇠락하고 있는 부서에 속하게 된다면 당신의 말로도 그리 밝지는 않을 것이다.

계층 사다리를 이용한
자기 발전의 기회를 포착하라

　사실 우리는 서로 다른 계층의 그룹에 속해 있다. 대학수학능력시험은 첫 번째 층을 깨줄 수는 있지만, 그다음 층에서부터는 자신이 속한 그룹을 통해 깨야 한다. 아래의 그림은 전형적인 '계층 구조'를 나타내는 도형으로 모든 사람은 저 도형 각 계층에 있는 그룹의 어딘가에 속해 있다. 어떤 그룹은 각기 다른 계층에 걸쳐 있고, 어떤 그룹은 상한선이 매우 낮다. 개인의 노력은 자신이 속한 계층 안에서만 의미가 있고, 그 계층이 노력의 의미를 증폭시킬 수 있다.

　'개천에서 난 용'들은 사실 대학 입시를 통해 첫 번째 계층을 넘어 올라섰기 때문에 그다음은 어떻게 해야 할지 몰라 막막해질 수

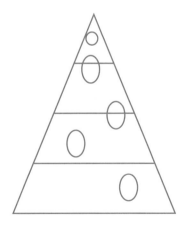

　　　　Chapter 3. 미미한 시작으로 거대한 성장을 이루는 길

있다. 이때 다른 계층에 걸쳐져 있는 그룹에 속하지 못하면 그들의 발전 상한선은 정해지고 만다. 이곳에 속한 대부분의 사람들은 자신이 속해 있는 그룹은 계층 변동의 여지가 없다는 것을 알면서도 어떻게 이 그룹을 박차고 나갈지 고민하지 않고 그룹 내 안전지대에서 평온함을 누리려고 한다. 나 역시 바로 그 '개천에서 난용'이기 때문에 이런 느낌을 충분히 잘 알고 있다. 할 줄 아는 게 그것뿐이라 닥쳐오는 모든 문제에 대해 수능 문제를 풀듯이 가장 익숙한 방법으로만 해결하려고 들었다. 하지만 판을 깨지 않고서는 모든 노력은 헛수고일 뿐이다.

미국의 케이블 채널 AMC에서 방영한 〈브레이킹 배드Breaking Bad〉*의 주인공인 월터 화이트Walter White는 마약 제조와 판매를 통해 퇴직하고도 여생을 충분히 누릴 수 있을 만한 거액의 돈을 벌어들인다. 하지만 본인이 공동 창업하였으나 불미스러운 일로 일찍이 제 발로 박차고 나와 버린 화학 기술 기업 그레이 매터Grey Matter가 수십억 달러의 가치를 상회하고 있다는 현실이 그에게 치유할 수 없는 상처가 되어 그의 발목을 잡는다. 그래서 '가족들에

게 유산을 남기겠다'는 처음의 목표를 달성했음에도 만족하지 못하고 마약 제조 및 밀매사업을 더 크고 강하게 번창시키고 싶어한다. 그러다 결국에는 마약제조업도 무너지고 가족들에게까지 버림받는 쓸쓸한 결말을 맞이한다.

'개천에서 난 용'들이 가장 힘들어하는 부분이 바로 이 부분이다. 자신은 원래 도전 의식이 강한 사람이었으나, 사회에 발을 들이며 올라선 계층에서 다음 계층으로 올라가고 싶어도 못 올라가는 현실에 무력감을 느끼는 것이다.

여기까지 봤을 때 대입 수능과 사회 진출 후, 두 시기를 게임에 비유하자면 플레이 방식이 완전히 다르다는 점을 알 수 있다. 대학 입시는 단편적이어서 몇 가지 아이템만 장착하면 보스몹Boss Mob을 쓰러뜨리고 보상을 받을 수 있다. 그러나 사회에 진출하고 나면 게임 규칙이 점점 더 복잡해질 뿐만 아니라 넘어야 할 관문이나 보스몹도 명확히 분간되지 않는다. 고등학생 때 수능을 준비하는 것처럼 하나를 배운다고 해서 승리를 거머쥘 수 없는 상황인 것이다. 그래서 많은 사람이 '일정한 기준의 부재'를 가장 힘들어한다.

그러니 처음 사회에 진출할 때는 향후 발전 전망이 밝은 업계로 들어가야 한다. 또 능력 있고 자신의 가치를 잘 알아줄 수 있는 리더를 만나야 한다. 그래야 리더가 승진할 때 당신을 이끌어 줄 수 있다. 행운도 따라주고, 강한 경쟁력과 더 발전할 수 있는 충분한 잠재력을 키워나가야 다가오는 관문을 차례차례 통과할 수 있다. 만약 그러지 못한다면 관문에 도달할 기회조차 없을 것이다. 졸업 후에 진입한 사회에서는 관문을 통과하는 일정한 기준이 없어진다. 그래서 자신은 앞으로 나아가지 못하고 여전히 제자리만 맴도는 것 같은데 자신보다 능력이 훨씬 뒤떨어져 보이던 사람이 한참 앞서 나가 있는 것을 보기도 한다.

지금까지 한 많은 이야기를 통해 계층을 뛰어넘을 수 있는 사람들은 몇 가지 공통점이 있다는 것을 알 수 있다. 자의든 타의든 결국 하나의 그룹에 속하게 되고, 그 안의 인맥을 통해 이어지는 다음 그룹의 구성원이 된다. 또 행운도 따라준다.

이외에도 천재성이 있을 가능성이 높다. 여기서 말하는 천재성은 물리학과 수학 분야의 탁월한 능력뿐만 아니라 진행을 잘 한다거나 강의를 잘 한다거나 하는 다양한 분야의 천재성을 뜻한다.

뛰어난 천재성은 없어도 어떤 한 분야에 독특한 열정과 애착이 있다면 기회가 찾아왔을 때 상위 계층으로 바로 넘어 올라갈 수 있다. 어떤 일에 뜨거운 열정이 있는지는 하나만 봐도 쉽게 알 수 있다. 바로 돈을 벌지 못하는 상황에서도 그 일에 집중하고 전념할 수 있느냐를 보면 된다. 수입이 없는 상황에서도 그 일을 지속할 수 있다면 그것은 바로 열정이다. 만약 당신이 열정과 애착을 가진 일이 때마침 시장에 수요가 있는 일이라면 한순간에 벼락부자가 될 수도 있다.

사실 모든 사람은 자신의 발로 한 걸음 한 걸음 내디디며 결국엔 원하던 곳에 이르게 된다. 만약 어려운 국면에 접어들었다면 스스로 그곳에서 벗어날 방법을 강구해야 한다. 불리한 상황에 처했을 때 돌이켜보면 분명 초반에 빠져나올 기회가 있었음에도 두려움에 사로잡혀 편안한 곳에 머무르기로 선택했을 뿐이다. 나중에는 자신이 선택할 수 있는 길이 점점 줄어들고 있음을 온몸으로 느끼게 된다. 이를 명심하면 비록 현재 상황이 당장 좋아지지는 않겠지만 앞으로의 선택지가 줄어드는 것은 피할 수 있을 것이다.

'개천에서 난 용'들은 기본적으로 머리가 나쁘지는 않다. 그러나 보편적으로 보수적인 성향을 띠고 있으며, 안정을 갈망하고, 확실성을 좋아한다. 이런 생각들이 틀리거나 나쁜 것은 아니다. 다만 목적성이 부합하지 않는 것이 문제가 된다. 뜻한 바가 안정과 확실성이라면 안정적이고 평범한 결과를 받아들여야 한다.

부의 격차를 뛰어넘는
'상상력의 격차'

최근 인터넷에서 화제가 되는 논쟁거리가 하나 있다. 그것은 바로 **'당신은 10년 동안 공부한 노력만으로 어째서 대대손손 몇 대에 걸쳐 지속해서 쌓아온 노력을 이길 수 있다고 생각하는가?'**라는 주제다. 나 역시 이 문제에 대해 꽤 오래 생각해봤는데 나름 깨달은 바가 있어 이를 여러분과 나눠보고자 한다.

부를 이루기 위한
제1 조건

적은 돈은 근면에 의지하고, 큰돈은 운에 의지한다. 몇 년 전 규모가 큰 기업의 임원이 사내 강연의 자리에서 '만약 자신이 지금

이 회사에 입사 지원을 하게 된다면 이력서 심사조차 통과하지 못할 것'이라고 언급했다. 그러면서 지금 회사에 입사하기 위해 제출된 명문대 졸업생들의 이력서를 보면 감개무량하다고 했다. 그리고 자신의 스펙으로 봤을 때 만약 지금 입사를 해야 하는 처지라면 아마도 평범한 사무직에 취업했을 것이라고 했다. 하지만 그가 허술한 스펙으로 큰 기업에 들어와 지금까지 임원으로 살아남은 것은 단지 시대를 잘만난 운 때문만이 아니다.

그는 입사 초기부터 기업의 대표를 수행하면서 일을 배웠다. 처음에는 프로젝터를 어깨에 메고 다니며 직접 영업을 뛰었고, 나중에는 국제 초대형 프로젝트에 참가하면서 줄곧 한 길을 걸어왔다. 직원 수도 몇 안 되던 이 회사에 오게 된 이유는 당시에는 취업할 수 있는 기업이 얼마 없어서 공무원이 되거나, 공기업에 취업하는 선택지밖에 없었다고 한다. 결국 어쩔 수 없이 중소기업에 취업했는데 그 시절에는 민간 기업에 들어가는 사람은 멸시의 대상이었다. 후에 회사가 몇 차례 부도 위기에 처하자 이직을 고려했지만 갈 곳도 없었고, 지금처럼 헤드헌팅 등의 회사가 있는 것도 아니어서 도무지 방법이 없었기에 계속 회사에 남게 되었다. 결국 지금은 회사의 고위급 임원이 되어 일하고 있다.

다른 사람들도 이와 비슷하게 주사위 던지듯 결과를 알 수 없는 선택의 과정을 거쳐 왔을 것이다. 어떤 기업의 대표는 퇴직한 후에 부인과 함께 청과시장에 출근하다가 우연히 중고 라디오도 함께 팔 수 있다는 말을 듣고 다른 사람과 동업해서 일본에서 중고 라디오를 수입해 노점에서 팔기 시작했다. 이후에 중개상을 알게 되어 중고 TV를 수입해서 팔았고, 여기서 돈을 벌자 또 자동차에 손을 대면서 지금처럼 큰 기업의 대표가 되었다.

요즘 나에게 상담을 받으려는 사람들이 꽤 있는데 그들에게서 자주 받는 질문이 하나 있다. 조만간 대학교를 졸업하게 되는데, 대기업에 들어갈 실력은 충분하지만, 사실 자신은 취업하고 싶은 중소기업이 따로 있다는 것이다. 이유는 기업의 설립자를 존경하고, 그 회사가 하고 있는 사업이 전도유망해 보이기 때문이라는 것이다. 이 선택의 갈림길에서 도박을 한번 걸어보아도 되겠는지를 묻는 것이다. 이 문제는 대답하기가 정말 곤란하다. 나는 애초에 대기업의 안정성을 선택한 사람이고 중소기업에 갔다면 어쩌면 있었을지도 모르는 '대박의 기회'를 포기했다. 내가 대기업 취업 전에 한동안 다녔던 중소기업은 지금 상장되었고, 당시 같이 근무했던 사람들은 개국공신開國功臣이 되어 회사의 임원이 되었다. 하지만 나는 대기업을 택하는 바람에 그 기회를 놓쳐 버렸다.

그러나 지금 다시 선택의 기회가 주어진다고 해도 나는 여전히 대기업을 선택할 것 같다. 규모가 큰 회사는 기회와 안정의 밸런

스가 맞춰지는데, 작은 회사는 상대적으로 위험의 비중이 너무 커서 통제할 수가 없기 때문이다. 나 또한 상당히 '안정지향형 인간'에 속하기 때문에 모험을 즐기지 않고, 모험할 기회가 주어져도 가까이 하지 않는다. 이를 통해 난 몇 가지 깨달음을 얻었다.

1. 만약 내가 공부를 하지 않았다면 나에게는 채소 장사를 하거나, 차를 수리하거나, 식당을 하거나 하는 선택지밖에 주어지지 않을 것이다. 만약 내가 대학교에 다녔다면 작은 소프트웨어 회사나 뉴 미디어 회사를 차릴 수 있는, 조금은 더 고급스러운 기회를 찾을 수 있을 것이다. 만약 내 교육 수준이 더 높다면 좀 더 높은 수준의 사업을 할 수 있을 것이다. 예컨대 초대형 과학기술 관련 회사에서 일했던 임원급 엔지니어들은 회사를 떠난 후에 기업을 차릴 수 있는데 인텔Intel Cooperation이 여기에 속한다.

2. '발전과 성장'은 일련의 선택의 총집합이다. 몇 개의 중요한 노드node(절점)에서 모두 옳은 선택을 해야 한다. 어떤 하나의 노드에서 옳은 선택을 하는 것은 큰 의미가 없다. 이는 곧 발전 가능성의 확률이 낮다고 볼 수 있다.

3. 미래 사회는 점점 불확실성이 높아진다. 어떤 분야가 발전

가능성이 높다고 그 누구도 확언할 수 없는 상황이다. 그러므로 쉽게 자신을 책망하거나 안타깝게 여길 필요도, 또 반대로 스스로 위대하다고 생각할 필요도 없다. 많은 일들이 지금 당장은 무의미하다. 몇 년이 지난 후에 돌이켜보면 그 의미가 재해석되기도 하며 '결정적 한 방'이 그때 가서 발휘될 수도 있다.

주어진 그릇만큼의 일 vs.
또 다른 그릇을 만들어 내는 일

사실 공부하느라 고생하는 10년의 세월은 하한선일 뿐이다. 최저 조건에 해당한다는 뜻이다. 수능 만점을 받고 대학에 합격하고, 혹은 세계적 명문대학에 합격한다고 하더라도 그것은 단지 '게임을 할 수 있는' 정도를 의미할 뿐이다. 게임을 잘할 수 있는지, 몇 개의 관문을 돌파해 나갈 수 있는지, 그리고 그 게임 자체가 유망한지 아닌지는 아무도 알려줄 수 없고, 어떤 약속도 해줄 수 없다. 사회에 진출한 뒤 성과를 거둘 수 있을지는 너무 많은 요소가 영향을 미친다. 예를 들면 논리정연하게 말을 잘할 수 있는가, 책임감이 강한가, 적극적인 태도를 견지하는가, 나를 끌어줄, 믿고 따를 수 있는 이가 있는가 등의 많은 요인과 관련이 있다.

책임감은 절대적인 지표이자 대부분 타고난 천성이다. 어떤 사람들은 일에 대한 책임감이 뛰어나기 때문에 자기에게 주어진 임무를 완수하려고 노력할 것이며, 설령 완수하지 못한다고 하더라도 합당한 이유가 있을 것이다. 기업의 대표들은 목표를 성공적으로 달성하기 위해 핵심적으로 관리해야 하는 요소들을 핵심성과지표KPI, Key Performance Indicator로 판단한다. 이 중 그들이 가장 중요하게 여기는 것은 바로 주어진 일을 스스로 처리해내는 능력이다. 이것이 가능한 사람은 리더가 기꺼이 함께 데리고 간다.

적극적인 태도 역시 중요한 지표 중 하나다. 나는 요 몇 년 동안 많은 수의 사람들이 삶을 대하는 태도가 적극적이지 않다는 것을 알게 되었다. 이들은 자신이 처한 현재 상황을 바꾸고 싶어 하지도 않고, 문제 해결 방법을 모색하지도 않으며, 특히 자신과 관계가 크지 않은 문제들은 전혀 해결하려 들지 않는다.

학교에 다닐 때는 대부분의 사람이 수동적인 태도로 대응한다. 학생의 신분으로 있을 때는 선생님이 시키는 대로 하는 게 가장 좋은 처세술이며 성적 또한 괜찮게 나오기 때문이다. 그런데 이 태도를 견지한 채 사회에 나오게 되면 적합한 처세술도 아닐뿐더러 일을 그르치기 쉽다. 이는 살짝 관점만 바꿔도 이해가 가능하다. 만약 당신이 기업의 대표라면 핵심성과지표를 기반으로 아랫사람을 평가할 때 그저 주어진 업무만 하는 사람과 할당된 임무를 초과 완수하는 사람을 어떤 시선으로 바라보겠는가? 아마도 늘

어떤 일을 하든 주어진 일 이상의 것을 해내는 사람을 상당히 신뢰하게 될 것이다. 만약 당신이 승진하게 된다면 이 사람을 자기 사람으로 만들어 계속 데려가려 할 것이다. 창업의 경우도 크게 다르지 않다. 창업에 성공할 수 있는 사람은 분명 적극적인 사람일 것이고, 인맥 관리가 탁월한 사람일 것이며, 믿을 만한 리더십을 겸비한 사람일 것이다.

이런 자질을 바로 '마음의 힘', '열정'이라고 하는데, 대부분의 사람들은 졸업 후 3년이면 내면의 힘이 거의 바닥난다. 십여 년 동안 그 '열정'을 유지할 수 있다면 운이 너무 좋지 않거나, 능력이 너무 떨어져 그 열정을 엉뚱한 곳에 써버리지 않는 한 기본적으로 그가 속한 조직에서 승승장구할 수밖에 없다.

여러분의 경우는 어떨는지 잘 모르겠지만 중고등학교 시절 모범생이었던 친구 중에 사회에서 융화되지 못하는 사람은 별로 없다. 또한 지능과 행동력이 결정적이긴 하지만 모범생 중에 융화력이 대단하게 뛰어난 사람도 드물다. 원인은 단순하다. 모범생들은 너무 올곧은 길만 걸어왔고, 사회에서는 그들에게 비교적 좋은 선택지들이 주어지기 때문에 '운에 맡겨야 하는' 도박성이 짙은 도전의 기회들은 좀처럼 만나기 어렵다. 그래서 그들은 견고한 시스템에 의존하는 경향이 점점 짙어져 결국 그 시스템을 벗어나기 힘들어진다. 정말 큰돈을 번 사람 중에는 오히려 초기 조건이 좋은 편이 아니었기에 '안정적인 길'에 오르지 못한 사람들이 많다. 그래서 운에 운명을 걸어볼 수 있었던 것이다.

사실 많은 사람이 이와 비슷한 고민을 안고 있다. 어렵게 명문 대에 합격하고 졸업했는데, 자신의 삶이 여전히 힘들다고 느껴지면 혹시 자신이 불운의 세대에 속하는 사람이 아닐까 하고 의심하게 된다. 사실 당신이 속한 그 세대가 운이 특별히 나쁜 것은 아니다. 그 세대에도 분명히 두각을 드러내며 성공한 사람이 있을 텐데 그게 당신이 아닐 뿐이다. 아마도 당신의 운이 아직 충분히 좋지 않거나, 소극적인 태도 때문일 수도 있다. 이런 여러 가지 요인이 함께 작용하여 결국 개인의 발전에 저해를 받게 된 것이다.

정리해 보면 '대학 진학'은 가장 저렴한 계층 이동 계단으로 이해할 수 있다. 1층에서 3층까지 이어진 계단, 만약 박사학위 과정까지 밟는다면 3층 반 정도까지 도달할 수 있는 계단으로 이해할 수 있다. 하지만 3층에 도달하고 나서 더 올라갈 수 있는지는 자신에게 달려있다.

이런 의미에서 '자기 자신을 알라'는 명언은 자신이 처한 상황을 분석하라는 뜻이다.

수 대에 걸쳐 대를 이은 장기의 노력 vs.
코피 쏟으며 공부한 단기의 노력

피나는 노력으로 공부하며 학창 시절을 버텨낸 뒤 맞이하는 것은 결승선이 아니라 새로운 출발선이다. 단지 몇 년 동안 공부한 것만으로 다른 사람이 여러 세대를 걸쳐 이어온 노력을 넘어서고자 한다면 그것은 분명 어불성설이며 욕심일 뿐이다. 학교를 졸업한 뒤 '사회'라는 출발선에 서면 인생은 사실 새로운 트랙의 새로운 코스에 들어선 셈이다. 이 새로운 영역에서 당신은 이제 겨우 출발선에 서 있고 몇 세대에 걸쳐 노력을 해온 사람들, 흔히 얘기하는 '금수저'를 물고 태어난 사람들은 이미 저만치 앞서서 나가고 있다. 당신이 그들을 추월하려고 하는 것은 확실히 현실성이 떨어진 희망일 뿐이다.

졸업 후 만나는 사회는 규칙이 없는 경기장으로 볼 수 있다. 대학 입시 시험장에서는 휴대전화를 켤 수 없고 부정행위를 하지 못하도록 모든 행동이 엄격하게 금지된다. 불공평한 상황을 막기 위함이다. 그러나 사회라는 경기장에 오면 당신은 어떤 규칙도 존재하지 않는 무규칙의 경기에 직면하게 된다. 이때는 친구에게 물어볼 수도 있고, 인터넷을 사용해 자료를 검색할 수도 있으며, 혹은 가족까지 동원할 수도 있다. 승리를 위해 가지고 있고 움직일 수 있는 모든 자원을 총동원해서 경기에 임해야 한다. 만약 아무것도 없이 경기장에 들어선다면 당신은 일방적인 KO 패를 당할 수밖에 없다.

　가혹하게 들리겠지만 '금수저'들과 경쟁해야 하는 당신은 아마도 헤어 나올 수 없는 절망감을 느끼게 될 것이다. 하지만 어느 날 갑자기 불현듯 무언가를 깨달아 자전거 트랙을 달리던 걸 멈추고 자동차 레이싱 트랙으로 갈아타야겠다는 결심으로 트랙을 벗어난다면, 어쩌면 당신은 '금수저'들을 제칠 수도 있다. 이것은 충분히 가능한 일이고 또 매일 일어나기도 한다.

　특히 서른 안팎의 나이가 됐을 때 대학교 동창들 사이의 거리가 급속히 멀어지는 것도 이 때문이다. 사실 그가 대단한 임원이 되어서가 아니라, 아마도 달리던 트랙을 바꾸어 비포장도로에서 고속도로로 갈아탔기 때문이다. 만약 같은 회사에서 당신이 동료보다 10배 더 많은 월급을 받으려는 것은 불가능한 목표지만 트랙을 바꾼다면 쉽게 달성할 수 있다.

　이 글의 시작에서 언급했던 '당신은 10년 동안 공부한 노력만으로 왜 대대손손 몇 대에 걸쳐 지속해서 쌓아온 노력을 이기려고 하는가?'라는 질문으로 돌아가 보자.

　다른 사람의 여러 세대에 걸친 노력은 당신이 10년 동안 코피를 쏟고 밤잠을 설쳐가며 공부했다고 해도 응당 뒤지지 않을 것이다. 그러나 만약에 당신이 10년간의 투자로 자신의 출발선을 조금 더 유리한 위치로 바꿀 계획이라면 이미 당신의 두뇌는 싸울 준비를 마쳤다고 볼 수 있다. 비단 싸우기 위한 완전 무장을 했을 뿐 아니라 복잡한 문제를 해결할 수 있는 전략과 전술을 구비한 상태다. 졸업 후에도 여전히 적극적인 태도를 유지하고 근면 성실하게 일할 뿐만 아니라 운까지 따라 준다면 당신의 전망은 상상 이상으로 밝게 빛날 것이다.

이것은 '부동산 가격은 천정부지로 오르는데 오르지 않는 박봉으로 어떻게 집을 사야 하는가?'라는 다른 화제로도 이어질 수 있다.

인생을 점진적인 '선형 발전과정'으로 여기고, 현재의 상태를 기점으로 잡아 연장선을 그리면 바로 자신의 10년 뒤를 예측할 수 있다. 이런 상태가 지속된다면 확실히 '자가 보유의 꿈'은 꿀 수도 없고 다른 사람을 제치고 앞서나갈 수도 없다.

그러나 현실 세계는 이렇게 돌아가지 않는다. 10년을 기한으로 하여 중간에 많은 변수가 작용한다. 어떤 것은 부정적인 영향을 끼치고, 어떤 것은 긍정적인 효과로 다가올 것이다. 결국 인생 곡선은 직선의 선형이 아닌 불확실한 모양으로 변한다. 종합적으로 봤을 때 적극적이고 낙천적이며 내공을 쌓은 사람은 방향을 틀 수 있는 기회가 좀 더 많을 것이다. 그러나 어떤 방향으로 가야 하는지는 아무도 모른다. 사람마다 다 다르기 때문이다. 내가 할 수 있는 것은 그저 사람들에게 이런 발전의 법칙을 알려주는 것뿐이다.

발전은 결코 선형적이지 않다. 만약 모두가 비슷한 속도를 낸다면 당신은 3대에 걸쳐 노력을 이어간다고 해도 다른 사람의 몇 세대 동안의 축적을 따라잡을 수 없을 것이다. 하지만 중간에 예상치 못한 상황들, 예를 들어 경로 변경 등의 상황이 발생하면 당신은 아마 몇 년 안에 이 모든 것을 완전히 뛰어넘을 수 있는 능력자가 될 수 있다. 대를 이어 부를 거머쥔 사람들의 가장 큰 문제는 이미 타고 있는 배에서 방향 전환이 어렵기 때문이다.

도구로 이용당할 것인가,
세상을 타파할 것인가?

그럼 도대체 어떤 노력을 해야 현실을 타파할 수 있을까? 다들 처한 상황이 다 다르고, 해야 할 일도 다르다. 개인적으로 해볼 수 있는 콘텐츠 플랫폼이라면 가능한 한 지금 다 해보려고 한다. 사실 나의 공식계정도 지루한 어느 오후에 갑자기 기발한 상상력에 의해 태어난 것인데 지금 이 계정의 발전 상황은 이미 애초에 내가 상상했던 그 이상을 뛰어넘었다.

사람은 항상 자신을 고통스럽게 하는 상황을 피하려 한다. 그렇기에 성공 확률이 낮은 일은 시도조차 하지 않는다. 그리고 몇 해 지나 돌아보면 자신이 많은 것을 놓쳤다는 것을 알게 된다. 많은 일들에 애초에 조금 더 적극적이고 진지한 자세로 다시 한번 시도해 본다면 결과는 천양지차가 될 것이다.

나는 여러 가지 생각을 메모해 두는 습관이 있다. 그간 썼던 것들을 보니 생각도 많고 해보고 싶었던 일도 많았는데 조바심에 지레 겁부터 먹고 그만둔 일이 많다는 것을 알게 되었다. 지금에 와서 다시 생각해 보면 만약 당시에 원가가 매우 낮은 일이라도 부딪쳐 보았다면 나는 지금보다 훨씬 강한 사람이 되어 있을 것 같다.

학창 시절, 공부에 쏟은 노력은 '두뇌를 무장시키는 것'으로 이해하면 되는데 그 두뇌만으로는 다른 사람의 대를 이어온 노력을 이길 수 없다. 하지만 그때의 그 두뇌와 열정을 가지고 젖 먹던 힘까지 내어 싸워보고 또 다른 트랙으로 옮겨보기도 하며 겨루어 본다면 기회는 많고 기적도 일어날 수 있다.

인터넷의 본질은 '저비용 자원획득의 장'이며, 또 '저비용 나눔의 장'이기도 하다. 많은 사람이 인터넷에서 배워가지만, 이 시장에서 무언가 산출물을 만들어 내는 사람은 매우 적다. 산출물이 없다면 무엇을 팔 수 있을까? 팔지 않으면 무슨 수로 돈을 벌까? 모두가 이 질문을 명심하길 바란다. 나 역시 이 질문에 놀라서 깨어난 것이기 때문이다.

인터넷은 또한 인류 최초로 '수요에 따른 분배'를 실현한 곳이다. 인터넷의 자원은 무한한데 어떤 사람은 이러한 값싼 자원을 이용하여 일어섰고, 어떤 사람은 무한한 정보의 바다에 빠져 허우적거리며 다른 사람에게 이용당하는 도구로 전락했다. **만약 당신이 인터넷에서 자신의 시간과 열정만 소비할 뿐 그 속에서 벌어들인 것이 없다면 당신은 바로 인터넷 세상에서 사용되어 소모되는 도구일 뿐이다.**

앞으로는 많은 생각을 가지고 플랫폼을 보면서 무엇을 뽑아낼 수 있는지 생각해 봐야 한다. 실력 있는 능력자들을 보면서 나는 그만큼의 능력을 구비했는지 생각해 보고, 만약 없다면 낮은 수준의 무엇이라도 시도해 보아야 한다. 긴 시간이 흐르고 나서 어쩌면 당신은 값진 성공을 이뤄냈을지도 모른다.

학창 시절의 고생은 사회라는 전쟁터에 나가는 당신에게 무장한 두뇌를 갖게 한다.

규칙이 없는 사회의 경기장에 진출하기 위해 구비해야 할 필수요소는 '열정'이다.

개발도상국은 어떤 과정을 거쳐 선진국으로 발돋움하는가?

미국이나 유럽과 같은 대국들의 발전사를 자세히 살펴보면 각 국의 미래를 예측해 볼 수 있다.

모든 강대국의 부상 과정을 들여다 보면 두 단계로 나뉜다. 첫 단계는 자본 축적 단계이고, 두 번째 단계는 내부 통합 단계다.

자본 축적 과정을 단순화해서 보면 어떤 한 사람이 돈을 모아 작은 식당을 차리고, 가게를 운영하며 얻은 이윤을 기반으로 큰 호텔로 번창하는 과정으로 이해할 수 있다. 한마디로 '돈을 모으고, 투자하고, 돈을 다시 모으고, 재투자하는' 일련의 과정이다. 전반적으로 봤을 때 후발 국가들이 점점 더 빠르게 자본 축적에 박차를 가하는 추세다.

대부분의 서방세계 국가들은 자본 축적 단계에서 식민 국가들로부터 자본을 강탈했다. 도처에 식민지가 있었던 영국은 말할 필요도 없고, 미국은 식민지가 없었다고 하지만, 사실 이 표현은 그다지 맞는 표현은 아니다. 미국은 빼앗은 지역을 자국의 영토로 바꾸어 놓았기 때문에 식민지를 언급하는 것 자체가 큰 의미가 없다.

식민지가 생기면 약탈도 가능하지만 다른 한편으로는 생산한 물건을 식민지에 비싸게 팔 수 있다. 이런 의미에서 '식민지 무역'도 일종의 '수출지향형 발전'이다. 즉, 선진국은 거의 모두 수출을 통해 초기 자본을 축적한 다음 이를 통해 과학기술 집약형의 산업을 발전시켰다. 예를 들면 영국은 주로 증기기관, 군함, 기차 등을 발전시켰고, 미국은 주로 전기와 철강을, 일본은 방직 분야 발전에 초점을 맞췄다.

그러나 이는 장기적인 플랜으로 적합하지 않다. 미국과 영국 두 나라의 경우를 보더라도 '식민지 무역'이나 '기술 집약형' 산업 발전과정을 통해 자본가 계급은 부유해졌지만, 일반 국민들의 생활은 나아지지 않았다. 이 빈부격차에서 오는 혼란으로 인해 유럽의 일부 국가는 국가체제 변화로 사회 분란을 잠재우기도 했다. 미국의 상원의원을 역임한 버나드 샌더스^{Bernard Sanders}는 이런 유럽의 일부 국가들이 채택한 국가체제를 '사회민주주의'라고 평가했다.

영국은 국가의 가장 말단에 있는 일반 국민들에게 대규모로 권리를 양도하여 의회나 정부에 참여시킴으로써 그들의 상황을 개선하는 데 노력하고 있다. 최저 임금제 정책을 입안하고 아동의 노동 착취를 금지하거나, 산재보험 및 노령 연금 등의 정책으로 '소외계층'에 대한 대안을 제시한 것이 예이다. 영국은 이런 정책의 시행을 통해 사회에 안정을 도모하고 있다.

미국도 비슷한 성장통을 겪었다. 미국의 기업가들은 고용인들과 이윤을 나눌 수 있는 제도를 만들고 최저 임금제 및 일일 8시간 근로제를 도입하였다. 미국의 제32대 대통령 루스벨트Franklin Delano Roosevelt가 집권한 후 대공황을 극복하기 위하여 국가 주도의 '뉴딜New Deal' 정책을 추진하였다. 이 정책은 1929년 이래 몰아닥친 대공황으로 전 국민이 고통받고 있던 때에 빈부격차를 해소하고 노동자에 대한 안정된 고용과 임금을 확보하기 위한 것으로 국가산업회생법National Industrial Recovery Act, NIRA 및 대규모의 독점기업을 분할하는 정책이다. 이후 점차 활황기를 걷던 미국 경제는 2008년 금융위기 때 다시 불황의 최고점으로 회귀하였다. 이때 세계 1위의 헤지펀드 회사 브릿지워터Bridgewater Associates의 설립자 레이 달리오Ray Dalio 역시 '미국의 현재 분열 정도와 사회적 갈등은 1930년 이래 최고조에 달했다'고 언급할 정도였다.

빈부격차를 해소하는 몇몇 국가들의 정책은 줄곧 경제학자들에게 환영받지 못했다. 경제학자들은 이 정책은 시장의 원칙에 위배되고 효율성을 저하시킨다고 여겼다. 그러나 현실 세계에서 보면 강대국들은 어느 정도의 반열에 오르게 되면 모두 빈부격차를 해소하고 소외계층의 어려움을 완화시키기 위한 정책을 입안한다. 그렇지 않으면 먼 미래를 내다보며 나아갈 수 없는 운명에 처하기 때문이다. 이때는 공정성과 효율성을 모두를 고려해야만 한다. 사실 중국 내에서도 최근 2년 동안 기조가 많이 바뀌면서 '공평'이라는 구호가 점점 더 크게 들리고 있다.

다시 미국으로 돌아가 보면 빈부격차를 해소해서 가장 좋은 이점은 바로 국내에 거대한 시장을 만들 수 있다는 것이다. 모두가 손에 돈을 쥐고 있어야만 소비를 할 수 있다. 세탁기를 사고, 요리를 위해 장을 보고, 관광도 할 수 있으며, 미국의 뛰어난 발명품들을 소유할 수 있다. 물건은 되도록 많이 소비되는 것이 좋다. 그래야 원가 부담을 줄일 수 있기 때문이다. 가격이 낮아지면 소비자들은 지갑을 열 것이고, 기업은 이 돈으로 재투자를 계속하여 새로운 기술을 연구 개발할 수 있는 것이다.

미국도 인프라 구축에 집중하고 있다. 자국 내 시장 활성화를 위한 특단의 정책들이 시행되고 나서야 서서히 거대한 국내시장을 형성할 수 있었다. 미국은 국내 내수시장의 성장과 해외시장의 활성화를 통해 '내·외부 쌍순환* 구조'를 실현한 세계 최초의 국가다.

여기까지 보면 **선진국이 발전하기 위해서는 두 가지 요소가 필요하다는 것을 알 수 있다. 하나는 수출 판로 개척이고 또 다른 하나는 국내시장의 활성화다. 이것이 쌍순환 즉, '이중 순환'이다.**

선진국의 발판을 밟기 위해
넘어야 할 세 가지 함정

개발도상국에서 선진국으로 가는 여정에는 세 가지 함정이 도사리고 있다.

첫 번째 함정은 '저소득 함정'이다. 이것은 매우 이해하기 쉽다. 처음 시작할 때의 위치가 바로 이 구덩이 속이기 때문이다. 돈이 필요한데 돈은 없고 자원이 필요한데 자원이 없다. 벗어나려고 발버둥을 쳐도 벗어날 수 없는 구덩이 속이다. 지금의 현실은 대부분의 사람들과 국가가 이 구덩이 속에 처해있는 모습을 하고 있다.

이런 상황에서는 반드시 다른 사람의 도움이 절실히 필요하다. 예를 들면 자금이 부족한 사람에게 돈을 좀 빌려줘서 작은 소매점을 차리게 해준다거나 공장에 취직시켜줘서 적은 돈이라도 벌게

---

* **쌍순환(双循环)**: 내수를 활성화시키고, 국제시장을 유기적으로 돌아가게 한다는 중국의 신조어다.

해주는 등의 도움이다. 이때 많든 적든 반드시 돈을 모아야 한다. 이렇게 모은 돈으로 소매점을 차리고, 소매점에서 작은 식당으로 업그레이드한 다음 큰 식당, 큰 호텔로 발돋움한 뒤 마지막으로 은행까지 갖춘 멀티플렉스로 업그레이드한다.

국가와 사람 모두 마찬가지다. 어떤 사람은 재능이 부족하고, 어떤 사람은 초기 자본금이 부족하다. 또 어떤 사람은 이마저도 없는 경우가 많은데, 둘 중 하나만 부족한 상황이라도 미래 발전 가능성은 희박하다.

두 번째 함정은 '중위 소득의 함정'이다. 국가가 성장하여 일정한 발전 단계에 이르게 되면 국내의 인적자본이 상승한다. 그뿐만 아니라 환경오염 등의 문제도 고려해야 하기 때문에 많은 기업들은 새로운 부지를 찾아 떠날 수밖에 없다.

환경오염 문제는 경제학자 쿠즈네츠Simon Smith Kuznets(1901~1985)가 연구한 쿠즈네츠 곡선Kuznets curve*에 부합하는데 이를 '환경 쿠즈네츠 곡선Environmental Kuznets Curve'이라 부른다. 환경 쿠즈네츠 곡선은 국민 소득이 높아짐에 따라 경제 성장 초기 단계에서는 대부분의 국가에서 환경오염이 심해지지만, 일정한 소득 수준을 넘어서게 되면서 환경오염이 다시 감소한다는 것을 나타낸다. 소득이 증가할수록 사람들이 삶의 질과 환경에 대해 더 큰 관심을 기울이게 되어 환경보호를 위한 투자를 늘리게 되고 결국 환경 문제도 개선되는 것이다.

영국은 이전에 온 나라의 나무를 베어서 증기기관의 연료로 사용한 나머지 거의 모든 도시가 석탄재로 뒤덮였었다. 특히 런던은 안개가 많이 끼는 날씨인 데다가 일 년 내내 연기에 휩싸여 '스모그 도시Smoke+Fog, Smog City'라 불렸다. 1952년 런던에서는 심각한 런던 스모그가 발생했다. 당시 런던 일대의 교통은 마비되었고, 스모그로 인해 4,000여 명의 사망자가 발생했다고 한다. 이 사건은 세계 10대 환경 공해 사건 중 하나로 '런던 스모그 사건**'이라 불린다.

현재 영국은 이미 탈脫공업화를 완료했고 환경이 잘 개선되었다. 다른 개발도상국의 경험을 종합해 봤을 때 모든 국가의 현대화 과정은 상당히 혼란스러웠다는 것을 알 수 있는데, 이는 이전의 질서를 깨뜨리고 새로운 질서를 세워야 하기 때문이다.

한동안 혼란스러운 것은 견딜 수 있다. 그러나 가장 비참한 것

---

* **쿠즈네츠 곡선(Kuznets curve):** 가로축을 경제 성장 정도, 세로축을 소득 불평등 정도로 두고 그래프를 그리면, 마치 알파벳 U자를 뒤집어 놓은 형태의 곡선 모양으로 나타나는데, 이를 쿠즈네츠 곡선이라고 한다. 경제 성장 초기 단계에서는 어느 나라나 소득 격차가 커지지만, 일정 수준 이상으로 발전하게 되면 점차 소득 불평등이 개선된다는 것을 의미한다.
** **런던 스모그 사건(London smog accident):** 1952년 12월 4일에 발생하여 12월 10일까지 계속된 스모그 현상을 일컫는다. 습도가 높고 기온이 낮은 런던의 겨울 날씨와 정제되지 않은 석탄 연기가 대기로 확산되지 못하고 지면에 정체하여 스모그 현상이 발생했다. 연기 속에 있던 아황산가스가 황산 안개로 변하며 호흡 장애와 질식을 일으켜 사건 발생 후 첫 3주 동안 4,000여 명, 이후 만성 폐 질환으로 8,000여 명의 사망자가 발생하여 총 1만 2,000여 명이 목숨을 잃은 사건이다.

은 '현대화'의 문턱에서 진입조차 하지 못하는 상태다. 멕시코, 브라질 등의 국가가 바로 이 상태에 있다.

외국자본의 기업들이 대규모로 철수할 때 만일 국가가 대규모의 국내시장을 형성하지 않았다면 사면초가의 참담한 결과를 맞게 될 것이다. 이러한 국가에는 몇 개의 기간산업이 있긴 하지만 국내시장이 너무 작아서 이 기업을 지원할 수 없고, 성장 동력 또한 없어서 '일부 사람이 먼저 부유해지고 후에 다른 사람이 부유해지도록 이끌고 돕는다.'는 선부대후부先富帶后富 정책을 시행할 수도 없다. 결국 국가는 올라갈 수도 내려갈 수도 없는 상황에 처하여 자칫 잘못 발을 디디면 동요하게 된다. 동남아와 남미에 위치한 일부 국가들이 이런 상황에 부닥쳐 있다.

하지만 이 두 함정에서 잘 빠져나온다 해도 세 번째 함정인 '고소득 함정'이 도사리고 있다. 기업과 국가는 더 빨리 더 많은 수익을 내는 사업에 주안점을 두게 되어 수익이 낮거나 수익 창출 속도가 더딘 기업들은 해외로 빠져나가게 된다.

수익이 나지 않는 기업과 환경오염을 야기하는 기업이 해외로 유출되는 것은 문제가 되지 않겠지만, 가장 큰 문제는 수익 창출 속도가 더딘 기업도 빠져나가는 것이다. 유사과학 연구업종과 기술연구개발이 필요한 업종은 모두 수익 창출이 더디게 일어난다.

만약 이런 기업들이 모두 빠져나간다면 결국 금융업에 종사하는 사람들과 어디에도 속하지 못한 사람들만 남아 혼란이 가중될 것이다.

영국의 경우를 보면 영국은 기간 사업이 별로 없고 암호화폐 경제의 자금세탁 업무는 오히려 왕성하게 발전하고 있다. 영국이 브렉시트Brexit를 강력하게 추진한 것도 바로 금융계의 거물들이 EU의 자금세탁 규정에서 벗어나야 했기 때문이다.

다른 선진국들도 마찬가지로 자국의 핵심 사업 유출과 전체 경제활동 총량에서 금융상품(은행, 증권, 보험, 부동산 신용대출 등)이 한 경제에서 차지하는 비중이 지속적으로 증가하는 문제에 직면해 있다.

어떤 사회가
찬란한 미래를 맞이하는가

앞서 많은 이야기를 통해 독자 여러분도 사실 어렴풋이나마 예측할 수 있을 것이다. 간단히 말해서 **사회가 발전할 수 있는 가장 중요한 핵심 요소는 '수요', 즉 '구매력'이다.** 국가는 처음에는 해외 무역을 통해 자본을 축적하고, 후에 내수시장을 성장시켜야 하는데 본질은 모두 '수요'에 있다. 시장경제에 있어 가장 중요한 것은 당연하게도 '파는 물건을 누군가가 사는 것'이다. 이렇게 해야 순환할 수 있다. 수출지향과 내수시장의 확대 모두 국민을 부유하게 하기 위함이다. 두 가지 모두 본질은 사람의 손에 돈을 쥐게 한다. 수중에 돈이 있어야 구매력이 생겨 식당에 가고, 약을 사고, 휴대폰을 사고, 전기차 등을 살 수 있다. 이처럼 소비자가 구매만 해도 기업은 자금을 회수할 수 있다. 그렇지 않으면 아무리 좋은 제품을 연구 개발해도 소용이 없다. 많은 발명품들이 개발된 후에 방치되는 것은 효용성이 낮아 팔리지 않았기 때문이다. 이처럼 구매욕을 일으키지 않은 제품은 자금을 회수하고 재생산의 순환을 이루지 못하기 때문에 결국 폐기된다.

좋은 사회는 분명히 능력 있는 사람이 그 진가를 발휘하는 사회다. 이것이 바로 중국의 많은 엘리트들이 미국으로 향했던 이유다. 하지만 최근 몇 년 동안 중국도 사회가 성숙해지고 경제가 발전하며 많이 달라졌다. 중국에서 프로그램 매니저로 근무하면 1년에 2억 위안(한화 약 360억 원)의 연봉을 받기도 하며, 대학을 갓 졸업한 사회 초년생이 능력만 출중하다면 1백만 위안(한화 약 1억 8천만 원)의 연봉을 받을 수도 있다. 이처럼 합당한 보상이 주어진다면 인재들이 굳이 외국으로 눈을 돌리지 않고 자국에서 그 능력을 충분히 발휘할 수 있다. 말단의 최저 계층에도 능력이 있는 사람들이 무수히 많다. 그들의 재능은 끝없는 일상의 업무에 파묻혀 빛을 보지 못할 뿐이다. 최저층에 있는 사람들을 고려하는 것은 모든 사람에게 기회를 주는 것이라고 생각한다. 그리고 그 최저 계층의 사람들을 부유하게 만드는 것 자체가 국내 내수시장 활성화의 한 방안이다.

이와 동시에 과학기술이 집약된 기업을 육성해야 한다. 국가 간의 경쟁은 결국 기업 간의 경쟁으로 이어진다. 물론 위대한 기업은 모두 진화를 통해 존재하기 때문에 '육성'이라고 표현하기엔 부적합하다.

전체적으로 정리하자면 **국내 내수시장을 활성화시키고, 과학기술 수준을 높이며, 빈부격차를 해소하고, 시장 질서를 완비해 투기와 부정적 영향을 끼치는 요소들을 정비하면 기본적으로 큰 문제는 없을 것이다. 그리고 만약 이 상태를 장기간 유지할 수 있다면 찬란한 미래를 기대해 볼 수 있을 것이다.**

시장경제의 규율은 초거대 기업들에게는 적용되지 않는다. 전통적인 '완전 경쟁 시장'은 이미 많은 분야에서 존재하지 않게 되었다. 반도체, 인터넷, 통신, 철광석, 석유 등과 같은 분야는 이미 초거대 기업의 세상이다. 이 분야들은 모든 나라에서 몇 개의 거대 기업들이 통제하고 있다. 이러한 거대 기업의 총수들은 향후 국가 시책에 대해 깊이 관여할 것이다. 한 나라의 최고 기업이 독과점배

당금의 혜택을 받으면서도 국가 시책과 관련된 연구개발에 관여하지 않는다면 그 나라는 곧 해당 분야에서 뒤처지게 될 것이다.

최근 몇 년 동안 이런 일들을 경험하며 대부분의 사람들은 지금의 형세가 그리 좋은 상황은 아니라고 생각한다. 그러나 '반복적 순환'과 '진화'라는 생각을 저변에 두고 문제를 바라보는 방법을 배워야 한다. 부패 척결, 빈곤 퇴치, 반도체 연구개발, 기술의 진보, 심지어 우리 자산의 일상적인 생활까지도 이 사고방식으로 접근할 수 있다. 예를 들면 소프트웨어를 만들 때 첫 번째 버전은 비교적 단순하다. 그리고 서서히 기능을 추가하고 조금씩 정교화시켜 나간다. 그렇게 여러 차례 반복하다 보면 매우 정교한 소프트웨어가 완성된다. 출발 후 초심을 잃지 말아야 한다는 것을 강조하는 이유가 바로 여기에 있다. 하나의 목표를 향해 꾸준히 반복해서 나아가다 보면 모든 것이 다 잘 될 것이다.

인재 유출의 위기를 극복하라

이는 이미 여러 해에 걸쳐 나를 괴롭혔던 문제가 바로 '인재 유출'이다. 비교적 사회문제에 조숙했던 청년으로서 십여 년 전에 '인재 유출 문제'를 처음 맞닥뜨렸을 때는 너무 낙심한 나머지 미래에 대해 회의적인 생각마저 들었다. 많은 인재들이 미국과 유럽으로 유출되면 그곳들은 강대해질 텐데, 인재를 잃은 우리는 이 상황을 벗어나지 못할 것 같은 두려움이 앞섰다. 당시에는 이런 문제에 대해 근본적인 원인을 명확하게 파악하기 어려웠다. 그래도 그저 계속 살아가는 것밖에는 별다른 뾰족한 수가 보이지 않았다. 십여 년의 시간이 흐른 지금의 상황은 그때 내가 생각했던 것보다 훨씬 나아졌으니, 지금 쓰고 있는 이 글이 미래를 위해 진일

보한 생각을 이끌어낼 수 있기를 기대해 본다.

"인재는 움직인다."

앞서 이야기한 화웨이華为의 설립자가 언급한 내용이다. 그가 졸업할 시절에는 갓 창업한 작은 회사에 가고 싶어 하는 사람이 아무도 없었다. 당시 모두의 꿈은 공무원이 되는 것이었고, 공무원이 되지 못하면 공기업에 가서 정년이 보장되고 해고될 위험성이 없는 '철밥통'을 원했다. 그래서 그처럼 대학을 졸업하고 스타트업에 들어간 사람들은 '재능 낭비'라고 평가되었다. 여러 해가 지나 당시 공기업에 입사했던 사람들을 보니 전반적으로 안정된 삶을 살고는 있으나 이렇다 할 장족의 발전을 이루진 못했다. 그러나 당시에 '재능 낭비'로 평가되었던 사람들은 시대의 흐름을 잘 타서 눈부신 쾌거를 이뤄냈다.

사실 주위를 둘러보면 성공한 대부분의 사람들은 빗발치는 포화 속에서도 끊임없이 전진하였고, 혹독한 경쟁 속에서도 성장하였다. 그래서 그들이 지나온 여정은 경험으로, 경험은 다시 전략과 지혜로 남았다. 일반인도 이 과정에서 끊임없는 반복의 고통을 이겨낸다면 빠른 성장을 이룰 수 있다.

이와 반대로 최고의 인재들이 안정된 환경만을 찾아서 체계를 구동시키는 데 필요한 부품과도 같은 성격의 일만 한다면 머지않아 곧 그 자신은 큰 기계의 몸통을 만들어 낼 기회를 놓치고 '부품화'된다. 실제로 초기에 해외로 나간 인재들은 대부분 대기업과 같은 안정적인 환경에 들어가 '부품'이 되거나 연구진이 되었다. 사실 현재 상황을 보아도 국내 최고 학부의 졸업생들은 대기업이나 과학연구기관에 취업하는 경향이 있다. 이러한 기관들은 사람을 가장 쉽게 '부품화'할 수 있는 체계를 갖추고 있다. 워낙 많은 직원들이 포진해 있으니 개개인에 맞춘 업무를 특성화할 수도 없고, 그에 따른 개별 성과가 나오기도 힘들다. 그러니 거대한 기계의 작은 나사 정도의 역할만 주어지는 것이다.

어떤 체제가 상승하는 기간에는 사상자가 많이 발생한다. 그러나 이런 상황에서는 영웅 또한 배출되기 쉽다. 초기 조건은 열악하지만 이런 환경은 능력이 뛰어난 사람들을 신의 경지로 올린다.

'능력 있는 인재', '강인한 사람'이란 타고나는 것이 아니라 환경에 따라 계속해서 만들어지는 것이다. 대학을 졸업할 당시에는 매우 유능한 인재라 평가되었을지 모르지만, 졸업 후 여러 해 동안 안정성만을 추구하고 깊은 사고가 필요 없는 단순한 업무만을 맡는다면 대뇌피질이 서서히 굳어진다. 모든 '경화', 즉 굳어지는 것 중에 가장 두려운 것은 '대뇌피질의 경화'다. 사람은 서서히 보수적으로 변하기 시작하는데, 보수적 성향이 짙어질수록 점점 모험을 기피하여 더 이상 그 어떤 불확실한 가능성에는 도전하지 않는다. 그 결과 자신이 머무르고 있는 '안전지대 범위 밖에 있는 모든 것'들을 부정하게 된다. 다른 어떤 곳보다 안정된 시스템 안에서는 자신의 위치를 찾기가 더 쉽다. 이 시스템 안에 속하게 되면 모험을 할 일은 적어지겠지만, '열정'과 '진취성'을 그 대가로 지불해야 한다. 자신의 열정과 진취성을 이 안정된 시스템을 갖춘 조직에 내어주고 그 대신 받은 급여라는 '작은 소유'에 만족하고 안주하게 된다. 즉, 환경과 사람은 상호작용을 하며 진화하는 관계다. 상승기의 환경은 강자를 만들어 내고, 강자는 그 환경이 더욱 상승할 수 있도록 촉매제 역할을 한다.

유능한 인재가 조직을 떠나더라도 큰 문제는 발생하지 않는 이유가 여기에 있다. 그 조직이 지속해서 앞을 향해 나아가는 한 유능한 인재 몇 명이 떠나는 것은 큰 문제가 되지 않는다. 그 조직의 '전진하는 환경' 자체가 또 다른 인재를 만들어 내기 때문이다.

다수의 인재를 선발하거나
특정 인재를 육성하는 교육제도

전 세계의 교육 시스템은 독일식 또는 영국식 모델을 따르고 있다. 독일식 교육 시스템은 모든 사람에게 균등한 교육환경을 제공하는 것을 강조한다. 그래서 의무 교육제도를 통해 모든 사람이 학교에 다닐 수 있도록 강제적 장치를 마련하였으며, 모든 학교에서 같은 교재를 사용한다. 이러한 독일식 모델의 폐해는 바로 사회적 비용이 너무 많이 든다는 것이다. 국가가 모든 사람에게 동등하게 교육을 받도록 강제하는 이상, 교육 분야에 대해 막대한 국가 예산을 책정해야 한다. 이런 교육 모델의 또 다른 폐해는 바로 학생들의 개성은 무시되기 쉽고 '훈련'과 '선발'이 강조된다는 것이다. 군대와 비슷하다고 볼 수 있다. 예를 들면 모든 사람은 5km를 23분 만에 뛰어야 한다는 기준을 충족해야 한다. 대부분의 개발도상국에서 이러한 독일식 교육 시스템을 채택하고 있다. 이 시스템에서는 '인생은 마라톤과 같다'고 여긴다. 그래서 강한 인내심과 지구력을 바탕으로 빨리 달려야 한다. 이 조건을 구비할 수 있다면 경쟁에서 우위를 점할 수 있다. 그런데 만약 지구력이 약하다면 어떻게 해야 할까? 마라톤을 완주할 수 있을 정도의 지구력이 없다 하더라도 본인이 달릴 수 있을 만큼은 같이 달려야 한다. 그래야 달리지 않은 것보다는 나은 결과를 얻을 수 있다.

영국식 교육 시스템은 '자유방임주의'를 강조한다. 천재는 '주머니 속의 송곳'처럼 금방 두각을 드러낼 수 있고, 평범한 보통 사람이라면 개성과 자유를 중시하며 자기 자신에게 집중할 수 있다.

이런 시스템에서는 인생을 마천루*와 같다고 여긴다. 모든 사람은 이 높은 건물 안에 각자 다 자신만의 자리가 있다. 그래서 앞서거나 뒤서는 것에 초조할 필요 없이 묵묵히 자신의 길을 걸으면 된다. 이런 모델은 사람을 불안하게 하지 않고 여유롭게 만든다.

독일식과 영국식의 교육 시스템의 차이는 명확하다. 독일식 교육 모델은 사회 전반의 토양을 개선하는 데 적합하기에 개발도상 국들이 가장 선호한다. 특히 일정한 과학적 기초 지식과 소양 능력을 갖춘 인구를 필요로 하는 공업 중심으로 발전된 국가에 적합하다.

반면 영국식 교육 모델은 선진국들이 선호하는 교육 시스템이며 특히 영재를 양성하는 데 적합하다. 이는 고대 유럽에서 사제^{司祭}(카톨릭 주교와 신부)를 양성하던 모델과 관련이 있다. 고대 유럽과 중국에서는 지금처럼 모두가 함께 배우는 것이 아닌 머리가 좋은 몇 사람을 선발하여, 그들만 교육을 받게 했다.

독일식 교육 모델은 전 세계에 엄청난 영향력을 끼쳤으며 특히

---

* **마천루(skyscraper)**: 초고층 빌딩, 현재 세계에서 가장 높은 마천루는 아랍 에미리트의 두바이에 있는 '부르즈 할리파(Burj Khalifa, 약 828m)'이다. 마천루라는 단어는 높은 돛대를 가리키는 해상 용어에서 비롯된 것으로 1880년대 미국에 고층 건물들이 들어서자 사람들은 치솟은 고층 건물의 측면을 돛단배의 측면(과거에는 돛단배의 돛이 도시의 스카이라인을 이루는 가장 높은 지점에 위치)과 비교하며 생겨난 단어다.

동아시아 국가들은 기본적으로 독일식 교육 모델을 채택하고 있다. 이 모델의 가장 큰 장점은 인구수에 기반을 두어 교육받는 인구가 많을수록 다수의 우수한 인재를 끊임없이 선발할 수 있다는 것이다.

중국은 당초 막대한 재정 부담에도 불구하고 독일식 교육 모델을 채택하였고, 이를 통해 사회 전반의 기초를 닦았다. 중국 젊은 이들의 문맹률文盲率은 매우 낮으며, 과학적 소양은 전 세계와 비교하여도 꽤 높은 편이다.

과거 몇십 년 동안 중국은 거대한 인재풀을 양성했기에 그들이 졸업할 즈음이면 자연히 진화를 마친 새로운 최고의 인재들이 사회에 진출할 것이다. 인재를 언급하면 대부분 과학자를 떠올리게 마련이다. 하지만 이는 굉장히 편협한 생각으로 과학자보다 더 중요한 인재는 기업가와 정치가이다. 만약 기술을 시장이 필요로 하는 것으로 바꿀 수 없다면 그 기술은 단 1원의 가치도 없다.

고통이 없다면
얻는 것 또한 없다

1990년대에서 2010년경까지 외국으로 이민을 선택했던 중국인 중에 성공한 사람은 많지 않다. 이민자들이 택했던 직업은 대부분 택시 운전사나 슈퍼마켓 사장이었다. 그보다 조금 더 기술을 요하는 직업은 시공사를 차리거나, 자국의 동포를 대상으로 하는 이민 중개인, 부동산 중개인이 되거나 또는 가정의학과(대만 화교가 대다수를 차지)를 개업했다. 해외에 중국 화교들이 많으므로 어차피 이들을 위한 서비스업도 반드시 있어야 한다.

최근 몇 년 사이에 중국 내 인터넷 사업이 성행하자 일부 해외 화교들이 유명한 인터넷 상점 애플리케이션app과 이름이 비슷한 애플리케이션을 잇달아 출시하기도 했다.

해외에서는 특히 북아메리카에 있는 국가들로 이민을 간 화교들의 세계에 확연히 나타나는 몇 가지 특징이 있다. 가장 큰 특징은 거주하는 화교들의 인구수가 많지 않기 때문에 경쟁 상대가 적다는 것이다. 낚시에 비유하자면 자국에서는 낚싯대를 아무리 휘둘러도 한 마리도 낚지 못하는 경우가 허다하다. 그러나 북아메리카에서 낚시를 하면 낚싯대를 한 번만 휘둘러도 물고기를 낚을 수 있다. 어쩌면 자신이 낚시에 천부적인 재능이 있다고 기뻐할지도 모르겠지만, 사실 낚시터의 차이에서 기인한 것이다. 낚시터에 모인 낚시꾼의 수가 다른 것인데, 사람이 적고 물고기가 많아 낚기 쉬웠을 뿐이다.

하지만 시각을 바꾸어 달리 보면 이는 명백한 단점일 수 있다. 예를 들면 사람 수가 많지 않기 때문에 이 시장에서는 제한되는 장사가 많다. 돈을 벌 수 있는 길이 좁다는 뜻이다. 미국과 캐나다, 유럽에 가볼 일이 있다면 많은 이민 온 여성들이 슈퍼마켓이나 쇼핑몰에서 판매원으로 일하고 있는 모습을 쉽게 볼 수 있다. 남성들은 선진국에 가서 사업을 하면 대부분 레스토랑, 마트, 시공사 등의 업종에 몰리게 되고, 나중에 이 시장은 포화상태가 돼서 경쟁이 격화된다. 게다가 자국에 있을 때는 가격을 보지도 않고 소비하던 것들에 비해 해외 이민을 가고 나서는 인색해져서 깐깐히 가격을 따지기 때문에 이 분야에 종사하기가 더 어렵다고 한다. 이민자들의 세계에서는 돈을 벌 수 있는 선택지도 적고, 통로도 좁아서 점점 더 어려워지는 경향이 있으므로 이민을 고려하고 있다면 이를 염두에 두어야 한다.

이 과정에서 유학을 통해 해외에 나가 박사학위까지 받고 미국에 정착하는 경우는 대부분 인생이 쉽게 풀린다. 이 사람들은 원래 자국에서도 엘리트 계층이기 때문에 어디에 가도 그리 어렵진 않겠지만 언제나 유리 천장은 있기 마련이다. 이런 사람들은 피라미드의 중간 계층에 많이 분포되어 있고, 상층에는 많지 않아 한계가 명확히 보인다.

2010년 전만 해도 출국하는 사람들의 대부분이 해외에 지속적으로 체류하기를 원했었고, 다시 귀국해도 자리 잡을 방법을 찾지 못하던 상황이었다.

나는 프랑스에서 1년 동안 머무른 적이 있었는데 그때 알게 된 한 여학생에게 들은 이야기다. 그녀는 베이징대학교 중문학과를 졸업하고 프랑스로 유학을 간 재원이었다. 그녀는 당시에는 프랑스에서 평생 향수를 팔지언정 중국으로 돌아가지는 않겠다고 했다. 그녀가 향수 판매원으로 받는 월급은 대략 3000유로(한화 약 427만 원) 정도였다.

다른 사람의 선택에 개입할 수 있는 것은 아니지만, 통상 외국에 남아 돈을 번다면 국내에서보다는 훨씬 보수가 높아야 한다고들 생각한다. 예를 들면 국내에서 400만 원의 월급을 받는다면 해외에서는 그 두 배는 벌어야 한다고 생각하는 것이다. 집을 떠나는 고통에 대한 보상이기 때문이다.

하지만 2010년 이후부터 중국 유학생을 사이에서는 의견이 엇갈리기 시작했다. 공부를 마친 후 반드시 돌아가야 한다는 '귀국파'가 생긴 것이다. 해외로 나가는 것은 돌아오는 것을 목표로 삼으며, 목적은 공부하기 위해 나가는 것이고 돌아오는 것은 취업을 하기 위함이다. '귀국파'는 점점 더 많아지는 추세다. 중국 교육부가 발표한 2018년 유학 후 귀국하는 학생 수는 2017년에 비해 3만 8,500명이 증가했으며, 이는 전년 대비 약 8% 증가한 숫자인데 중국의 시장이 이들을 수용할 수 있는 여건이 조성되어가고 있다는 점에 주목해야 한다.

예전에 미국에서 생물학 박사학위를 받은 지인이 한 명 있었는데, 그가 졸업하던 2004년에는 중국에 자신을 받아 줄 수 있는 기업이 하나도 없었다고 한다. 대학교의 교수로 가야 하지만 또 당시 대학에서는 이 분야의 학문을 중요시하지 않아서 결국 미국의 제약회사로 갈 수밖에 없었다.

현재 중국은 연구조건이 좋아지기 시작했으며, 특히 많은 기업들이 이런 연구형 인재를 받아들일 수 있게 되었다. 연구비 또한 충분히 지원되고 있으며, 이런 추세로 가면 점점 더 많은 중국의 유학생들이 우선적으로 중국 내 일자리를 선택할 것이다.

최근 많은 중국 기업에서 박사급 인재들을 고용해 수억 원의 연봉을 주며 연구개발을 맡기고 있다. 이는 해당 분야 박사 학위자들의 연구 방향과 기업의 이익 추구 방향이 딱 맞아떨어지기 때문이다. 일반적으로 박사 학위자들은 거의 대학교 연구진으로 남기를 원하기 때문에 수요 대비 공급 과잉 상태가 된다. 그래서 많은 박사 학위자들이 기업으로 시선을 돌려 연구를 하고 있다.

나는 중국의 모 과학대 출신의 한 친구를 종종 놀리곤 한다. 그는 이전에 영재교육원에 선발되었던 '과학 신동'이었다. 그렇게 과학연구 분야에 한 획을 그을 줄 알았던 그가 지금은 '과학 대중화', 즉 가전제품 만드는 일을 하고 있기 때문이다.

선진국 따라잡기에 급급하면 혁신에 대한 기대치가 낮아지게 된다. 앞으로 나아가기 위해서는 '혁신'이 이끄는 방향으로 발전해야 한다. '혁신'이란 과거를 답습해서 변화를 시도하는 것이 아니다. 지속적인 연구개발을 통해 이제까지 적용하지 않았던 새로운 방법을 도입하여 획기적인 국면을 맞이하는 것이다.

현재도 많은 대기업이 고임금의 박사 학위자들을 고용하여 '예비 연구'를 하고 있지만, '기술 비축'을 위해 더 많은 대기업들이 발 벗고 나설 것으로 예상된다. 연구개발에 투자를 많이 해야 인재에 대한 수요가 늘어날 수 있고, 그래야 많은 인재들이 해외로 유출되지 않을 수 있다.

지속된 발전을 위한 유일한 길은 연구개발을 확대해 고소득 엔지니어의 일자리를 창출하는 것이다. 부자들의 돈은 상당수 국내나 해외의 부동산을 사들이는 데 소비된다. 국내의 내수시장은 중산층이 선도한다. 그런 의미에서 학계와 재계 모두 유능한 인재의 유출을 막고 중산층을 유지하기 위한 일자리 창출을 위해 발 벗고 나서야 한다.

'No pain, no gain'이라는 말이 있듯이 지금껏 우리가 힘들게 걸어온 시간들이 좀 더 나은 내일이라는 보상이 되길 꿈꿔 본다.

성공한 대부분의 사람들은 빗발치는 포화 속에서도 끊임없이 전진한다. 그들이 지나온 여정은 경험으로, 경험은 다시 전략과 지혜로 남는다.

'끊임없는 반복', 일반인도 이를 이겨낸다면 빠른 성장을 이룰 수 있다.

Chapter 4

미래의 위기,
그리고 출구

저성장 시대가 가져올
'효율과 공평'의 두 마리 토끼

최근 들어 생각한 몇 가지 사항에 대해 독자들과 생각을 나눠보고 싶다. 여기서 언급하고자 하는 몇 가지 사항은 가까운 시일 내에 일어나지 않는다고 하더라도 결국은 다가올 미래에 반드시 부딪혀야 할 것들에 관한 것이다.

더 이상 열정페이를
두고 볼 수는 없다

만약 당신이 이제 막 사회에 진출한 사회 초년생이라면 '돌연사'라는 단어에 그다지 민감한 반응을 보이지 않을 수도 있다. 그러나 십여 년 이상의 경력이 있는 사람들은 최근 불어오는 변화의 바람을 느끼고 있을 것이다.

내가 대학교를 졸업하던 무렵 채용시장에서는 면접 때 '초과 근무'나 '야근'에 대한 응시자의 태도와 생각을 공공연히 묻곤 했었다. 그런 인식이 자연스레 사회에 녹아있던 몇 년 동안 '직장인의 돌연사'가 종종 발생했어도 노동자 인권에 대한 문제가 크게 대두되지 않았다.

그러나 중국에서는 최근 2년 동안 '네이쥔內卷(내권)'＊, '호우랑后浪(후랑)'＊＊, '다꽁런大功人(대공인)'＊＊＊ 같은 새로운 단어들이 대거 등장했고, 인터넷상에서 이 단어들이 불러오고 있는 파장이 점점 거세게 일고 있다.

곰곰이 생각해 보면 사실 이는 사람들의 의식과 사회적 차원의 변혁 과정이다. 사회가 규칙이 없는 자유경쟁에서 공정사회로 전환되고 있다는 뜻이다. 과거 혼돈의 시대에는 개척자가 필요했다. 개척 정신을 고취하기 위한 조건은 '규칙의 부재'와 '고수익'이었다. 무엇을 어떻게 하든 관계없이 벌어들이는 대로 자신의 소유가 되는 것이다.

＊　　**네이쥔(内卷, 내권)**: '안으로 말린다'는 뜻으로 인구가 증가해도 생산성 향상과 혁신 개선으로 이어지지 않는 사회학적 현상을 뜻하는 개념이다. 즉, 질적 향상이 없는 양적 향상을 뜻하며, 현재 중국에서 이 표현은 번아웃(burnout)과 비슷한 의미로 쓰인다.

＊＊　**호우랑(后浪, 후랑)**: '뒤이어 오르는 파도'라는 뜻으로 '앞으로의 시대를 이끄는 젊은 세대', '다음 세대', '다가오는 세대'를 가리키는 신조어다.

＊＊＊ **다꽁런(大功人, 대공인)**: 다꽁은 원래 '파트타임'을 뜻하는데 최근 육체노동자, 또는 일하기 위해 상경한 사람을 가리키는 말로 쓰인다. 일개미 같은 자조적인 느낌을 담고 있다.

　　　　　　　　　　Chapter 4. 미래의 위기, 그리고 출구

이 논리를 확장시켜 '돌연사' 문제에 대입해 보면 사실 같은 맥락임을 쉽게 알 수 있다. 기업은 사회 발전의 원동력이지만, 기업 운영에 있어 어떠한 제한과 규제를 두지 않는다면 기업은 이윤 극대화를 위해 무슨 짓이든 벌일 수 있다. 고용인들은 성과측정의 노예가 될 것이고, 경영인들이 이윤 목표 달성을 위해 달려나갈 때 도덕적 기준은 그 어떤 의미도 없을 것이다.

어느 곳에서나 이런 일은 늘 있기 마련이지만 십여 년이 지난 지금 돌아보아도 인터넷 업계에서 근무하던 '996 환경(9시 출근, 9시 퇴근, 주 6일 근무)'은 불가능한 현실처럼 느껴진다. 그러나 그 시절 중국은 효율성이 떨어졌고, 무엇이든 다 부족했었다. 앞선 선진국들의 백년 발전사를 단숨에 따라잡기 위해선 현재를 피나는 노력으로 채워 나가는 수밖에 없었다.

이런 상황에서는 소수의 능력 있는 사람들에게 최대한의 자원을 집중시켜 그들의 능력을 발휘하도록 하는 수밖에 없다. 사실 한동안 자유경쟁 상태를 유지하다 보면 결국 마지막 안정 단계에 이를 때쯤이면 대부분의 자원은 소수의 사람들 손에 남아 있게 된다.

아무 제한과 구속 없이 이 상태로 어느 정도 발전하게 되면 '부富'는 걷잡을 수 없을 정도로 일부의 사람들에게만 흘러갈 것이다. 경기가 좋은 활황기에 부자들의 수입은 당연히 좋다. 그런데 더욱 아이러니한 것은 경기가 좋지 않은 불황기 역시 그들은 누구보다 더 높은 소득을 유지한다는 것이다.

예를 들어 코로나19 이후 미국의 부자들은 자산이 크게 증가하여 상위 650명이 4조 달러 이상의 부를 장악했고, 8개월 동안 총 33% 이상 성장했다. 이는 하위 1억 6,000만 명이 보유한 부의 두 배 수준이라는 통계가 보도된 바 있다. 현재 미국에서 가장 부유한 상위 650명의 억만장자의 재산은 4조 달러로 2019년 3월 대비 1조 달러가 급증했다.

네트워크 환경에서 파생된
사회적 성찰의 파장

최근 2년 동안 중국의 젊은이들 사이에서는 사회적 문제에 대한 성찰이 시작됐다. 2년이란 시간 동안 형성된 분위기에 힘입어 반성의 목소리는 점점 커지고 있으며, 여론 역시 반전을 시작했다.

만약 예전이라면 중국인들의 부자에 대한 시선은 그다지 곱지 않았을 것이다. 그러나 최근 중국 사회는 빈부격차가 심하고 희망이 없는 현실을 용납하지 않는다. 요즘 들어 전자상거래 시장에서 마윈馬雲(알리바바 창업주)에 대한 평판이 바뀌고 있는데 그 이유는 인터넷상거래 B2B 계정 구입 및 사용료, 광고료가 점점 비싸지고 있기 때문이다. 많은 기업이 거래대금에 대한 일정 비율의 수수료를 지불하고 있지만, 검색어(키워드)에 대한 광고료를 지불하지 않으면 결국 돈을 벌 수 없다. 전자상거래는 일부 중간 상인을 없애고 스스로 중간 상인이 되거나 오프라인 상점의 주인을 없애고 스스로 온라인 상점의 주인이 되는 것과 같다. 여기서 문제는 이 온라인 상점의 주인들이 모두 한 회사의 이름 아래 모여 있다는 것이다.

나는 이와 관련하여 옳고 그름을 논하려는 게 아니다. 그저 사회적 현상에 대해 논하고자 함이다. 현실 세계에서 옳고 그름은 그다지 중요하지 않다. 일부 지식인 계층에서 국민들의 무지함과 선진적인 상업 마인드의 부족을 폄훼하는 것을 보았다. 그런 행동은 마치 길을 걷다 구덩이 속에 빠졌는데 스스로 나올 생각은 하지 않고 구덩이가 그곳에 있었던 것이 문제라고 화를 내는 것과 같다.

지금의 현실은 전 세계가 큰 구덩이에 빠져들었고, 모든 국가의 서민들은 이 현실에 불만족스러운 상태이며, 인터넷의 보급은 이를 촉진시켜 현실 세계에 대한 불만의 표출은 더욱 격화되고 있다. 브릿지워터 헤지펀드 창업자 레이 달리오Ray Dalio는 『지난 500년간의 빅 사이클The Big Cycles Over The Last 500 Years』이라는 저서를 편찬하며 지난 500여 년간의 역사를 결산하였다. 이 책에서 그는 과소비와 빈부격차, 정치적 갈등으로 충돌이 나타날 수 있으며 그 긴장을 통제하지 못하면, '혁명revolution' 또는 심지어 '내전civil war'까지도 초래될 수 있다고 전망했다.

제2차 세계 대전 이후 지금까지 세계는 70여 년간 평화와 국지적인 전쟁을 겪으며 가장 중요한 한 가지 사실을 잊고 있다. 그것은 바로 전체 인류 역사에서 '전쟁'과 '격동'은 늘 자리 잡고 있었다는 것이다. 오히려 지금과 같은 안정과 번영의 시기가 오랜 시간 지속되는 것이 일반적이지 않은 상황이라는 주장이 일리 있다.

이전에 중국의 지식인들은 유럽이 게으른 사람을 부양하기 위해 복지정책을 시행한다고 생각했다. 그러나 최근 몇 년의 시간을 통해 천천히 이해하게 되었다. 복지정책을 펴고 있는 국가들도 처음부터 이 제도를 시행한 것이 아니라 사회의 발전이 어느 정도 무르익으며 발견된 사회모순을 완화하기 위해 강구한 방안이라는 것을 말이다. 유럽은 지난 몇백 년의 시간 동안 세계의 선두에 서 있었기 때문에 복지국가라는 현재의 국가 형태를 앞당겨 이룩할 수 있었다.

다른 국가들도 대규모 부의 격차와 가치관의 차이, 대규모 부채까지 한꺼번에 나타날 때 경기가 둔화하면 갈등과 취약성이 드러나는 상황에 봉착할 텐데 이를 어떻게 해결해야 할 것인지 고민해야 할 것이다. 특히 지금은 과거와 달라서, 인터넷이 사람의 감정을 무한대로 증폭시킬 수 있다. 예를 들어 어떤 답답한 일을 들었을 때 과거라면 혼자 속앓이를 하고 말겠지만, 지금은 인터넷에 접속해서 많은 사람들과 이 일에 대해 이야기하고 또 동감해 주는 사람들을 통해 답답함이 분노로 바뀔 수도 있는 상황이다. 이렇게 생긴 분노의 감정은 시위와 혁명으로 변할 수도 있다. 튀니지에서 다양한 소셜 미디어와 언론을 매개로 삼아 인근 국가를 넘어 걸프 왕정 국가들, 북아프리카의 독재 국가들까지 혁명의 물결이 확산된 '아랍의 봄'처럼 말이다. 미국에서도 2020년 경찰의 과잉 진압으로 비무장 상태의 흑인 남성이 사망한 사건이 계기가 되어 경찰의 폭력을 규탄하는 시위가 미국 전역으로 확산되었는데, 이 시위는 점차 약탈과 방화를 동반한 폭동과 총격 사건까지 발생하는 심각한 상황으로 이어졌다. 이렇게 확산된 데에는 온라인상에서 감정이 증폭된 영향이 적지 않다.

인터넷이 없으면 사람들은 자신의 사회적 위치를 잘 이해하지 못했을 것이다. 예를 들면 과거에 구직을 할 때 일자리를 찾지 못하면 '자신'에게서 문제를 찾았었다. 그러나 인터넷이 생기면서 자신만이 갖고 있는 문제가 아니라 '사회' 전체의 문제라는 것을 깨닫게 되었다. 이런 상황에서 누군가 도화선을 건드리면 갑자기

화염과 같은 분노에 휩싸이게 되는 것이다.

그렇다고 지금의 상황에서 단순한 복지사회로의 진입이 완전한 해결책이 될 수는 없다. 복지국가를 이룩한 유럽에서도 과학기술의 침체와 세수 부족으로 인한 문제, 막대한 세금 부담으로 인한 부자들의 국적 포기 등의 문제가 식별되고 있기 때문에 심사숙고해 봐야 한다.

나는 일본의 한 거래처 회사에 근무하고 있는 직원과 오랫동안 교류해 왔는데 그가 돌연 이직 사실을 알려왔다. 그전까지 일본인들은 한 번 회사에 입사하면 좀처럼 이직하지 않고 평생직장으로 여긴다고 알고 있었기에 매우 의아해하며 연유를 물었다.

그가 답하길, 일본은 직원을 함부로 해고하지 못하기 때문에 많은 기업이 고임금 대상자들인 오래된 고위직급자들의 고용을 꺼리게 되었으며, 따라서 애초에 비정규직을 대량으로 채용하는 정책을 펴고 있다는 것이다. 이들 비정규직은 평소에는 정규직과 큰 차이가 없지만 작은 위기가 닥쳐와도 먼저 해고의 대상이 된다. 이직하는 그 친구는 비정규직으로 근무해 왔던 것인데 그 친구의 미래가 염려스러웠다.

일본은 지금 소비가 침체되어 있고, 마이너스 금리 등으로 불황기에 빠져 있다. 만일 일본이 이 위기를 잘 통제하지 못한다면 동

아시아의 여러 국가가 도미노 현상으로 직격탄을 맞게 될 것이라
는 예측이 있다.

미래 사회를 위한
몇 가지 고찰

우리는 앞으로 어떻게 미래 사회를 현명하게 헤쳐나갈 수 있을
까? 사실 나 자신도 혼란스럽다. 지금 떠오르는 몇 가지 방안들을
마지노선으로 여기고 생각해 보고자 한다.

**첫째, 사회 각계각층에서 무임승차를 피하면서 의무를 다해야
한다.** 전 세계를 통틀어 세금을 내는 주력 계층은 중산층이다. 오
히려 부자들의 세금을 거두기는 매우 어렵다.

그러나 반드시 해야 하는 일을 번거롭거나 어렵다고 하지 않아
도 되는 것은 아니다. 만약 어떤 사람이 쉬운 일만 하려 든다면,
그 사람은 몇 년 안에 쓸모없는 퇴물로 전락하고 말 것이다. 기관
이나 조직도 마찬가지다. 더 어려운 일을 해낼 수 있도록 노력해
야 한다. 만약 어떤 세금은 비교적 걷기 어렵다고 받지 않고, 받아
내기 쉬운 세금만 전력을 다해 징수한다면 이는 일종의 불평등이
다. 결국 법을 준수하는 사람만 괴롭히는 형국인 것이다.

부자들에게 세금을 징수하려다 그 부자들이 망명길에 오르면

어떻게 하냐고 묻는 사람이 있을 것이다. 이는 간단하다. 만약 돈을 잘 벌지 못하는 사람에게만 세금을 징수한다면 그 사람은 머지않아 도망치고 말 것이다. 그러나 돈을 많이 벌어 세금을 내고도 많은 수익이 발생하는 사람이라면, 이 사업체를 버리고 다른 곳으로 가서 정착하는 손실이 더 클 텐데 왜 굳이 망명길에 오르겠는가?

핵심 지역에만 최고의 인프라가 구축되어 있는 것도 심각히 분석해야 할 문제이다. 병원, 상가, 유흥 시설이나 학교 등 이러한 부대시설이 있으면 현재 가격이 높을 뿐 아니라 향후에도 지속적으로 오를 가능성이 높다. 여기서 식별되는 문제가 있다. 바로 인프라는 누구의 돈으로 구축된 것이냐는 문제다. 당연히 국가 재정의 공공지출로 구축되었다. 공공의 것이기는 하지만 이로 인한 혜택은 거주자와 부동산을 소유한 개인이 받고 있다. 심지어 이로 인해 상승하는 수익까지 개인이 독점하는 게 과연 적절한 것일까?

이런 문제는 모두가 잘 생각해 보아야 한다. 많은 문제들이 모두의 공감대를 형성한 이후에 발전적 방향을 모색할 수 있다. 공감은 힘이 있다.

둘째, 빈부격차를 줄이는 것은 도덕적 문제가 아니라 경제적 문제다.

중국은 향후 내수시장 장려 정책을 시도할 것인데 빈부격차가 심화되어 소수에게 부가 집중되고 대다수 사람들의 수중에 돈이 없다면 내수 진작을 논할 수 없게 된다.

어느 나라나 그렇듯 중국의 부자들은 비교적 가격이 저렴한 제품보다는 해외 명품을 소비하는 데 돈을 쓰는 경향이 짙다. 소득과 지출의 상관관계를 보면 소득이 높을수록 생계비가 차지하는 비율이 낮고, 나머지 수입은 모두 투자나 자산 구입 등에 쓰기 때문에 자산 가치는 더욱 높아진다. 정리하면 결국 부자들의 돈은 내수 진작에 미치는 영향이 매우 적다는 뜻이다.

오히려 일반인들이 소비 주체가 되어 소비하는 물건은 대부분 자국 생산 제품들이다. 중국의 현황을 살펴보면 사치품 소비는 세계 1위인 반면, 소비재 시장은 수출에 극도로 의존하고 있다. 이는 중국의 부자는 해외에 나가 소비하고 국내에 있는 일반인의 소비력은 낮다는 것을 증명한다. 대외 무역의존도는 낮아지고 있지만 여전히 해외에 많이 의존하고 있다.

공평한 부의 분배로 잘 알려진 북유럽의 국가들도 1차적인 시장에 의한 분배는 그다지 공평하지 않기 때문에 국가의 개입을 통한 2차 분배를 통해 지니계수*를 낮추고 있다. 다만 계수를 너무 낮추어 오히려 사회 활동을 저해하기도 한다.

---

* **지니계수(Gini's coefficient)**: 계층 간 소득 분배의 불균형 수치로 0부터 1까지의 수치로 표현되는데, 값이 '0'(완전평등)에 가까울수록 평등하고 '1'(완전불평등)에 근접할수록 불평등하다는 것을 뜻한다.

그러나 가장 중요한 것은 역시 '발전의 기회'다. 어떤 사람들은 이렇게 생각한다.

- 개인의 자유로운 발전은 모든 사람이 자유롭게 발전하는 조건이다.
- 사회의 부는 결국 사람이 창조한 것이다.
- 사람은 자유로운 상태에서야 비로소 창의력을 충분히 발휘할 수 있다.

많은 사람들에겐 나름대로의 재능이 있다. 경제적 여건이 허락되지 않아 발전할 수 있는 여력을 얻지 못했을 뿐이다. 그림, 소설, 물리학 등에 천부적인 재능이 있다 하더라도 그 재능을 찾아내서 발휘할 수 있는 기회가 없으면 한평생 생산 라인에 서 있는 노동자로의 삶에 만족해야 한다.

가난한 사회는 모든 사람의 자유를 속박하고, 사회의 부도 제한하기 때문에 미래의 발전 가능성이 희박해진다. 가난의 가장 큰 문제는 단순히 가난 그 자체만이 아니라 창의력을 구속한다는 데 있다. 이런 상황에서 대다수 사람들의 천부적인 재능은 발휘되지 못하고, 부를 창출하지도 못한다. 그러니 자신이나 주변을 변화시킬 수도 없다. 그래서 '빈곤 퇴치', '빈곤 구제'는 실제 단어가 담고 있는 뜻보다 더 깊은 의미와 의의를 내포하고 있다.

빈곤 퇴치 사업의 가장 큰 이점은 일정한 투자를 통하여 빈곤

Chapter 4. 미래의 위기, 그리고 출구

지역의 경제를 순환시키는 것이다. 각지의 특색에 맞게 자연으로 부터 부여받은 환경을 이용한 농업, 양식업, 관광, 태양광 발전 등의 사업은 분명 성과를 낼 것이다. 도로를 건설하면 현지의 경제가 활성화될 수 있고, 저수지를 건설하면 농업이 활성화될 수 있다. 빈곤 퇴치는 우리 사회의 가장 하층에 있는 사람들을 구덩이 속에서 끌어내어 생산력을 창출하게 할 수 있다.

또한 경제 활동을 통해 경제 운영 지식과 외부 세계와 빈곤 지역을 연결함으로써 해당 지역의 인구가 사회 전반에서 멀어지는 것을 막아준다. 이것이 빈곤 구제를 강력히 지지하는 이유다.

요즘 '좋은 투자 기회가 없다'라는 말을 들을 때 '마이너스 금리 시대'를 떠올리면 된다. 투자 기회는 희박해지고 글로벌 성장 시대는 막이 내려가고 있다.

이제 '저성장 시대'가 시작됐다. 그동안 잠재되어 있었던 갈등이 표출되고, 공정을 요구하는 목소리는 점점 커질 것이다.

그러나 이 상황이 나쁜 것만은 아니다. 잘 조율된다면 '효율'과 '공평'은 모순되지 않는다. 빈부격차를 줄이고 사회 취약 계층의 소득을 높인다면 내수를 진작시킬 수 있으며, 사회 갈등을 완화할 수 있다. 이는 사회 구성원 전체가 이익을 얻을 수 있는 방안이 될 것이다.

전기자동차가
미래의 주역이 될 것인가?

나는 전기자동차가 '미래의 주역'이라고 생각하여 몇 년 전 전기자동차 기업 주식을 매수했다. 현재까지 3년 동안 보유 중인데 매입 단가에 비해 지금은 주가가 많이 올라 있다.

전기자동차가 '차세대 에코에너지 자동차의 선두주자'라는 생각이 보편화되고 공감대를 형성하여 이제는 아무도 이 말에 이견을 제시하지 않을 정도가 되었다.

몇 년 전만 해도 전기자동차에 대해 회의적인 생각을 하는 사람이 적지 않았다. 지금도 여전히 반대하는 부류가 있기는 하지만, 그 수는 매우 드물고, 반대하는 목소리 또한 점점 작아지고 있다. 이미 현실은 명백해졌다.

Chapter 4. 미래의 위기, 그리고 출구

여기서 누군가는 궁금해할 것이다. 도대체 '미래'는 얼마나 먼 미래를 뜻하는 것인가? 50년인가? 100년 뒤를 말하는 것인가? 나는 8년 내지는 길어봐야 10년 안에 그 미래가 다가올 것이라 확언할 수 있다. 어떻게 그렇게 '머지 않은 미래'라고 확신할 수 있냐고 되묻는다면 그것은 전 세계가 '필요'로 하기 때문이라고 답할 수 있다.

토카막^{Tokamak}* 의 아버지라 불리는 레프 아르치모비치^{Lev} ^{Artsimovich}** 가 '핵융합은 우리 사회가 그것을 필요로 할 때 실현 될 것'이라고 했던 것처럼 전기자동차도 마찬가지다. 모두가 그것을 절실히 필요로 할 때 필사적으로 연구개발에 매달리게 되면서 빠른 결실을 맺게 되어 있다.

그럼 다시 본론으로 돌아가 보자. 왜 전기자동차가 절실히 필요한 걸까?

왜

전기자동차인가?

산유국을 제외한 모든 국가들은 해외 석유 의존도가 높다. 그래

---

* **토카막(tokamak)**: 핵융합(nuclear fusion) 실험에서 사용되는 실험 장치 중 하나로 핵융합 반응에 필요한 플라스마(plasma)를 담아두기 위해 자기장을 이용하는 도넛 모양 장치를 말한다.
** **레프 안드레에비치 아르치모비치(1909년 2월 25일 ~ 1973년 3월 1일)**: 구소련의 물리학자로, 통제된 핵융합 동력을 생산하는 장치인 토카막의 핵융합에 대한 장치를 개발했다.

서 에너지 공급원 중 석유에 대한 의존도를 낮추고자 다양한 시도들을 해보지만 뜻대로 되지 않는 경우가 많다.

원인은 복잡하지 않다. 경제가 지속적으로 돌아가기 위한 동력이 필요하기 때문이다. 공장을 가동시키고 차량을 운행할 때도 모두 대량의 석유가 필요하다.

오랜 세월 동안 자연의 역학적인 과정으로 형성되어, 변환이나 가공의 과정을 거치지 않고 자연 상태로부터 직접 얻을 수 있는 에너지를 1차 에너지라 한다. 여기에는 석유, 석탄, 천연가스 등이 포함되어 있는데 2019년 통계에 따르면, 중국의 1차 에너지 공급량은 3,403백만 TOE(석유환산톤)*로 가장 많았고, 미국은 2,213백만 TOE로 2위를 기록했다. 에너지 생산과 소비 규모는 국가별 인구와 경제 규모GDP에 따라 달라지기 때문에 인구와 GDP, 에너지 소비를 함께 고려해야 한다. 중국과 인도의 인구수는 각각 14억 2,567만 명과 14억 2,862만 명을 기록하는 만큼 에너지 소비가 많을 수밖에 없다.

석유에 대한 의존도가 높으면 국제관계에 있어 수동적인 국면에 빠지기 쉬우므로 위기에 자주 노출된다. 어떤 물건은 사용하지

---

* **TOE(Ton of Oil Equivalent)**: 다양한 에너지원의 발열량을 석유의 발열량으로 환산한 단위. 1TOE는 1,000만kcal이다.

않으면 그만이지만, 반드시 사용해야만 하는 상황이라면 다른 국가가 이를 빌미로 관계의 우위를 점하게 되기 때문이다. 세계는 정글이기에 무방비 상태로 있으면 기본적으로 살아남을 길이 없다.

우리는 유가 변동에 국가 경제가 휘청거리는 모습을 이미 수차례 목격하였다. 다른 국가들도 유가 변동으로 인한 외화 부족으로 일상 물품이 보충되지 못해 생필품을 사기 위해 줄을 길게 서 있는 모습을 보이기도 한다. 이런 상황에서는 민심이 동요되기 쉽고 취약해진다는 것을 알고 있다.

우리가 반드시 대체 에너지 개발에 큰 노력을 기울여야 하는 이유가 바로 여기에 있다. 전 세계가 핵융합 연구에 공을 들이고 국민들의 핵융합에너지의 이해를 높이려고 하는 것도 이러한 연유에서다. 또 희토류 금속에 대한 수요가 상승하는 것도 같은 이유다. 전기자동차의 배터리와 미래의 핵융합 원료 모두 대량의 리튬과 희토류 금속이 필요하기 때문이다. 전기자동차의 엔진은 희토류 금속을 사용하고, 핵융합 원료인 '트리튬'을 합성하기 위해서는 리튬이 필요하다.

일단 핵융합에너지가 에너지 공급의 절대적인 주역으로 자리 잡게 되면 인류의 석유 의존도는 서서히 낮아지게 될 것이다. 하지만 석유의 공급과 마찬가지로 핵융합에너지를 생산하기 위해서는 대량의 헬륨과 희토류가 필요하기 때문에 희토류가 많이 매장되어 있는 아프리카는 중동을 대체하여 지구상에서 가장 부유한 지역이 될 것으로 보인다. 여러 나라가 아프리카 대륙에 위치한 국가들과 공고한 관계를 구축하려고 하는 이유가 여기에 있다.

또한 자동차 에너지 공급원을 100% 전기로 바꿀 수 있다면 석유에 대한 에너지 의존도 역시 대폭 줄일 수 있다. 이에 따라 태양광, 수력, 풍력, 원자력 등의 대체 에너지원을 생산하는 산업도 동시에 활성화될 것이다. 이미 대체 에너지 관련 사업을 추진하는 기업들의 주가들도 향후 추세를 선반영하여 상승하였고, 그 기업 관련 주식들도 많이 오른 상태다.

이제 모두가 환경을 생각해야 할 시기이다. 유럽과 미국의 대기업들도 전기자동차 개발 및 생산에 심혈을 기울이고 있으며, 연료를 사용하는 자동차 생산을 멈추기 위한 계획도 조만간 시행될 전망이다. 전 세계는 환경친화적 전기자동차를 발전시켜야 한다는 생각에 공감대를 형성하였다.

내연기관 자동차에서 벗어나
새로운 기회를 모색하라

국가별 자동차 보유 수 통계를 살펴보면, 2022년 말 기준으로 중국은 약 3억 천 9백만 대로 1위를 차지하였고, 미국은 약 2억 8

천 3백만 대, 대한민국은 약 2,550만 대의 자동차를 보유하고 있다. 내연기관 자동차는 한 대가 팔릴 때마다 제조사도 돈을 벌지만 일본의 미쓰비시처럼 엔진 로열티를 보유하고 있는 기업들에게도 지불한다. 엔진과 변속기의 고도의 기술 저작권 및 각종 기술특허는 소수의 세계적 기업이 보유하고 있기 때문이다. 그러니 기존의 내연기관 자동차는 아무리 죽을힘을 다해 생산하고 판매해도 결국 남 좋은 일을 하는 것과 같다.

어떤 기술이든 연구개발 초기에 기술의 불모지에서 독자적인 기술력을 확보하려면 그야말로 뼈를 깎는 노력과 예산이 뒷받침되어야만 한다. 초반에 판매되던 전기자동차의 가격을 떠올려 보면 이해가 쉽다. 2012년 테슬라의 초기모델이 처음 출시되었을 때 항속거리는 겨우 555km에 불과했지만 가격은 오히려 10만 달러를 우회했다. 다른 분야도 마찬가지다. 직접 연구개발을 한다면 초기 단계에는 분명 '품질은 낮고 가격만 높은' 제품을 생산하게 될 것이다. 수요가 없으면 기업은 자금을 회수할 수 없다. 자금이 회수되지 않으면 성능을 개량할 수 있는 여력이 없어 현 상황을 타개하거나 개선할 수 있는 여지가 없어진다. 결국 시장에 처음 입성한 선구자적 기업들 뒤에 설 수밖에 없다. 더 중요한 것은 선구자적 기업들은 이미 특허로 대부분의 실행 가능한 길을 차단해 놓은 상태다.

그러므로 지금 전기자동차 개발에 뛰어든다면 선구자적 장점을 확보할 수 있다. 전기자동차 개발에 있어서는 모두 비슷한 출발선 상에 있기 때문이다. 특허 관련 분야도 아직은 백지상태에 가깝다. 비싼 부품들은 모두 똑같이 고가에 구입해야 하며, 모두 똑같이 현재의 성능을 개량해 나가야 한다. 전기자동차 시장이 커지고 있고 수요가 많으므로 기업은 끊임없이 연구개발에 투자할 수 있다.

우리는 무언가를 배울 때 그것을 자주 사용하고 반복할수록 머리를 쓸 필요가 없어진다. 마치 젓가락을 사용할 때 어떻게 사용해야 하는지 생각할 필요가 없는 것처럼 말이다. 현재 봉착해 있는 문제, 예를 들면 높은 단가의 문제는 생산량이 너무 적기 때문에 발생한 것이다. 시장 규모가 충분히 크다면 생산량이 많아질 테고, 또 판매되는 양이 많아지는 한 문제는 저절로 해결된다. 전기자동차 원가 구성에 있어 가장 큰 부분을 차지하던 부분은 배터리였는데, 최근 배터리 가격의 추세를 보면 쉽게 이해될 것이다. 전기자동차의 배터리는 10년 동안 거의 90%가 폭락했다. 아마 앞으로의 10년 동안도 지속 하락할 전망이다.

현재 풀릴 것 같지 않은 매우 복잡한 문제에 골머리를 앓고 있다면 그 분야의 고수들을 영입해 해법을 찾으면 된다. 여러 사람이 달려들어도 풀리지 않는 문제가 있다면 특정한 분야의 한 사람만 투입되면 바로 해결되기도 한다. 이것이 바로 미국의 실리콘밸리와 월가에서 엄청난 연봉을 제시하며 인재를 영입하는 이유다.

정리해 보자. 전기자동차가 안고 있는 아직 풀리지 않는 문제점은 시장의 규모가 커지면 해결될 문제들이기 때문에 고민할 필요가 없다. 몇 년 전 '전기자동차가 자동차 업계에서 미래의 주역이 될 것'이라는 굳건한 믿음을 가지고 전기자동차 주식을 매입하던 한 동료가 있었다. 그는 이미 경제적 자유를 실현했다.

자유경쟁 시장에서는 수요가 최우선의 기본 조건이라는 것을 이해해야 한다. 누군가 재화를 지불하고 구매하려고 한다면 해결되지 않을 문제는 없다. 현재 상황은 기업에게 있어서 기회다. 전기자동차 사업을 장려하고 공급망을 육성해야 100년에 한 번 올 수 있는 기회를 잡을 수 있다.

자율주행과 전기자동차는
불가분의 관계

자율주행과 전기자동차는 항상 함께 언급되는 경향이 있는데, 도대체 둘 사이에는 어떤 불가분의 관계가 있는 것일까?

근래에 '자율주행 알고리즘의 대가'라 불리는 한 선배를 만나 이 주제와 관련된 가르침을 구해 보았다. 그는 현재의 자율주행 테스트는 주로 내연기관 자동차를 이용해 이루어지지만, 아마도 조만간 전기자동차가 이를 대체할 것으로 예측한다고 했다. 자율주행과 가장 잘 결합할 수 있는 소프트웨어를 보유하고 있는 것이 전기자동차이기 때문이다. 전기자동차는 전기로 모터를 제어하기 때문에 전반적인 구조가 내연기관 자동차보다 훨씬 단순하고, 정교한 조작과 반응 속도는 훨씬 뛰어나다. 내연기관 자동차의 제어 정밀도를 보통의 학생용 측정 자에 비유한다면 전기자동차의 정밀도는 버니어 캘리퍼스$^{vernier\ calipers}$*에 비유할 수 있다. 몹시 정교하고 반응 속도도 훨씬 빨라서 소프트웨어 제어에 매우 적합하다. 수치상으로 보면 전기자동차의 반응 속도는 내연기관 자동차에 비해 10배 정도 빠르므로 자율주행에 딱 들어맞는 소프트웨어를 가지고 있는 셈이다.

현재 소프트웨어와 자동차의 결합은 아직 뚜렷한 발전을 이루지 못했지만, 몇 년 안에 자동차도 스마트폰처럼 무수한 코드와 각종 모듈을 내장하게 될 것이다. 모듈은 대량의 전력을 필요로 하기 때문에 전기자동차는 천성적으로 모듈화에 적합한 환경을 가지고 있다.

미래 전기자동차와 내연기관 자동차의 가장 큰 차이점은 바로 모듈식 프로그래밍에서 찾아볼 수 있다. 전통적인 내연기관 자동

---

* **버니어 캘리퍼스(vernier calipers):** 물체의 외경, 내경, 깊이 등을 0.05mm 정도의 정확도로 측정할 수 있는 기구의 이름이다.

차가 노키아의 심비안(LTD에서 개발한 32비트 모바일 기기 운영 체제)이라면 전기자동차는 애플의 iOS 운영 체제(iPhone 전용으로 탑재되는 독자 운영 체제)에 비유할 수 있다. 심비안 운영체제의 프리미엄폰도 아이폰과 비슷해 보이지만 전혀 다른 플랫폼을 기반으로 운영된다.

전기자동차는 '자동차'라기 보다는 오히려 '스마트폰'과 더 흡사하다. 확장되는 기능이 많아짐에 따라 과거의 핸드폰에 비해 스마트폰에서의 통화기능이 약화된 것처럼 전기자동차도 기능이 확장되면 차의 속성이 희석될 수 있다. 이것이 바로 스마트폰을 제조하는 거대 기업들도 전기자동차 개발에 뛰어드는 이유다. 어찌 보면 스마트폰 제조사가 전통적인 내연기관 자동차 제조회사보다 전기자동차와 오히려 더 가까운 혈연관계라고도 볼 수 있다. 테슬라가 자동차 제조업의 중심지인 디트로이트Detroit(미국 미시간주)가 아닌 실리콘밸리Silicon Valley*에서 탄생하게 된 것도 같은 맥락으로 볼 수 있다.

모두가 예측할 수 있듯이 테슬라는 차를 판매해서 이윤을 창출

---

* **실리콘밸리(Silicon Valley)**: 미국 캘리포니아주 북부의 산타클라라, 산마테오, 알라메다 카운티를 합친 곳으로, 행정구역상의 명칭이 아니다. 1971년 돈호플러 기자가 반도체 전문 주간지 <마이크로일렉트로닉스>에서 'Silicon Valley USA'란 용어를 처음으로 사용하면서 이 지역을 가리키는 별칭으로 자리 잡았다.

하려 하지 않는다. 오히려 소프트웨어 패키지를 판매해서 돈을 벌려고 하는데, 이는 마치 애플과 매우 흡사하다. 요즘의 추세를 보면 순수 하드웨어 제조사의 주가는 형편없이 낮다. 이대로라면 미래에는 하드웨어는 증정품 내지 사은품의 개념이 되고 소프트웨어와 광고를 팔게 될 것이다. 다시 말해 제품은 무료이고 사용 권한이 정식 판매제품이 되는 것이다.

이렇게 보면 테슬라가 자국의 기업에 상당한 위협이 되지 않겠냐는 우려를 낳을 수도 있다. 결론부터 말하자면 그렇게 되지는 않을 것이다. 시간이 흐르면 전기자동차 시장에도 균형 구도가 형성될 것이다. 몇 개의 기업은 커지고 또 몇 개의 기업은 축소되거나 사라질 전망이다. 스마트폰 시장을 보면 알 수 있듯이 어떤 기업이 아무리 막강한 실력을 갖추고 있다고 해도 사람들은 개인의 취향에 맞춰 제품을 구입한다. iOS 운영 체제를 좋아하는 사람도 있지만, 안드로이드 운영 체제를 좋아하는 사람은 그 제품만 선호한다. 어느 한 제품이 모든 사람을 감동시킬 수도 없고, 우월한 어느 한 종의 생물이 생태계 전체를 점유할 수도 없다.

소비재 시장은 SNS와 다르다. SNS 시장은 수렴적 특성이 있다. '수렴적 특성'이란 어떤 변수가 확정된 수에 한없이 가까워지는 특성을 뜻한다. 예를 들자면, 어느 한 개인이 일반적으로 많이 사용하지 않는 특별한 앱을 설치하여 사용한다면 다른 사람과 관계망을 형성할 수 없을 것이다. 다른 사람들은 해당 앱을 사용하지 않기 때문에 결국 그 앱을 삭제할 것이고, 다수가 사용하는 앱을 다시 설치해 사용하게 된다. 그러나 소비재 시장에서는 이런 문제가 존재하지 않으며 항상 강한 병립 구도가 형성된다.

어떤 일이든 오랜 기간 경험이 축적된 후에야 빛을 발할 수 있다. 과거의 발전이 선형적 발전의 모습이었다면 미래에는 기하급수적인 계단식 성장을 이룰 것이다. 전기자동차 기술도 마찬가지로 오랜 시간 동안 축적의 과정을 거쳐 지금에 이르게 되었다. 시장의 수요와 기술의 발전이 눈부시게 빛날 순간이 눈앞에 다가와 있다. 모든 기업들은 젖 먹던 힘까지 끌어내 기술개발에 매진해야 한다. 앞으로의 시장의 변화는 불을 보듯 뻔하기 때문에 지금 당장 노력하지 않으면 세계시장에 발도 못 붙일 수가 있다.

코로나19의 영향으로 전 세계가 반도체 메모리가 수급이 안 되어 곤란한 상황을 겪었다. 신에너지 차량에는 제어, 계산, 안전 기능을 위해 수백 개의 메모리칩이 필요하다. 이런 상황에서 자급자족이 가능했던 기업은 화를 피할 수 있었다.

일련의 사건을 통해 보더라도 우리는 지금 이 순간 일말의 주저 없이 기술개발에 전념하여 핵심 기술을 확보할 수 있도록 미래를 향한 힘찬 걸음을 내디뎌야 할 것이다.

판로의 시선이 머물러야 할 곳은
자국自國이다

내수內需, domestic demand란 '국내 수요'를 줄여서 이르는 말로 한 국가에서 일어나는 정부와 민간의 소비와 투자의 총합을 말한다. 이 내수시장의 중요성을 논하기 전에 중요한 문제 하나를 짚고 넘어가야 한다. 바로 '과잉'에 대한 정의이다.

현재 전 세계의 모든 국가는 뛰어난 생산 능력을 보유하고 있다. 생산 능력이 너무 뛰어나서 소비량이 생산량을 따라가지 못해 재고가 쌓여가는 '과잉'의 문제에 직면해 있다. 과잉생산은 산업순환에 주기적 공황과 장기불황이라는 구조적 위기를 야기하였다. 일반적으로 생산이 부족하면 위기가 초래된다고 생각한다. 하지만 사실 더욱 위험한 것은 소비에 비해 공급이 넘쳐나는 '과잉'

이다. 이 장에서는 과잉생산이 어떻게 위기를 초래하는지 살펴보고자 한다.

과잉생산의 늪

먼저 용어에 대한 이해를 돕기 위해 하나의 상황을 예로 들어보겠다. 만약 한 남자가 다섯 명의 아내를 갖길 원한다. 이것은 '필요'이다. 그러나 법적 문제와 경제적 상황을 고려했을 때 그 남자는 오직 한 명의 아내만을 소유할 수 있다. 이것을 '유효 수요'라고 한다.

A는 소위 '애플빠(아이팟, 아이폰, 아이패드. 에어팟에 이르기까지 애플사가 만든 모든 제품에 열광하는 '애플 마니아'를 가르키는 단어_편집자주)'로서 스마트폰에서 노트북, 스마트워치 등등의 모든 기기를 애플사 제품으로 구입하길 원하고, 또 자동차는 벤츠, BMW, 아우디 중 한 대만으로 소비하며 최고급 명품 구입을 위해 백화점 명품관을 배회하기를 원한다.

그러나 A는 자신의 이상과는 달리 이를 감당할 수 있는 자산이 없어 샤오미小米의 스마트폰만 구입할 수 있다면, A의 실수요는 샤오미 핸드폰일 뿐이다.

생산도 마찬가지다. 아무리 많이 생산할 수 있어도 실수요가 없으면 과잉생산이다.

그런데 왜 생산량은 많은데 구매자가 턱 없이 부족할까? 여기에는 여러 원인이 있지만 가장 중요한 것은 다음과 같다.

만약 지구를 하나의 마을로 가정해 보자. 이 마을에는 공장을 운영하는 A와 마을 사람들이 있다. A가 운영하는 공장은 마을 사람들을 고용하여 자전거나 그릇 등 생필품을 생산하고 이를 다시 마을 사람들에게 판다. 여기에 분배의 문제가 있다. 이 공장에서 생산하는 제품들의 총액이 100만 원이라고 했을 때, A는 20만 원의 이윤을 남기고 마을 사람들에게 80만 원의 임금을 지급하면 비교적 합리적 수준이라 볼 수 있을 것이다. 그런데 여기에는 큰 문제가 있다. 바로 마을 사람들이 받는 80만 원의 급여로는 무슨 수를 쓰더라도 A의 공장에서 파는 모든 제품을 다 살 수가 없다. 또 A는 물건을 팔기 위해 이윤을 남기지 않을 수도 없는 노릇이다. 이 마을 사람들 중 부자들은 소비재에 대한 지출이 높지 않다. 부자들의 수입에서 소비재가 차지하는 비중은 가난한 사람들보다 훨씬 낮다.

결국 이 공장에서 생산하는 제품 중 20만 원어치의 물건은 도저히 팔리지 않아 재고로 남게 된다. 그렇다면 이 재고를 없애기 위해 급여를 올려 소비하게 만드는 방법을 쓰면 어떨까? 그렇게 되면 A에게 남는 이윤이 없게 되어 공장 운영이 되지 않을 것이다.

다시 말하자면 기업의 이윤 중 일부는 이 재고 물량에 대한 부담을 포함한 것이다. 이것이 '과잉'이다.

영국에서 산업혁명이 일어난 순간부터 이 문제는 그림자처럼 따라다녔다. 증기기관을 이용해 엄청난 양의 침대 시트, 이불 커버, 칼, 포크, 장난감 등을 생산해냈으나 영국 노동자들의 임금은 매우 낮았기 때문에 이렇게 생산된 물자를 소비하지 못했다. 이렇게 쌓인 공산품의 재고는 문제가 되기 시작했다. 그럼 어떻게 해결해야 할까?

해외시장의 판로를 개척하는 것도 하나의 방법이 될 수 있다. 영국이 왜 필사적으로 해외로 진출하려 했는지 이해가 될 것이다. 청나라 시장을 공략하기 위해 영국은 산 넘고 물 건너 두 차례의 아편전쟁을 일으키며 결국 중국의 문호를 개방시켰다.

자원이 충분하다면 영국이 공산품을 생산할 수 있는 능력은 무한한데, 수요가 없다는 게 문제다. 영국이 1858년부터 1947년까지 89년간 인도제국을 식민지로 점령하는 동안 눈부신 발전을 이룩할 수 있었던 이유가 여기에 있다. 인도제국은 영국의 원료 생산지일 뿐만 아니라 영국의 공산품 판매지이기 때문이다.

모든 국가가 '생산과잉'에 직면해 있는 구조라 재고는 쌓일 수밖에 없다. 이 문제로 공장이 문을 닫게 되면 노동자들은 실업 상태가 되기 때문에 구매력은 더욱 낮아지게 되고 '글로벌 경제위기'가 초래된다.

그렇다면 이 난관을 해결할 방법은 없을까? 전혀 없는 것은 아니다. 미국이 선택한 방법은 대출을 장려하여 국민들로 하여금 은행으로부터 저금리에 돈을 빌려 소비토록 하는 것이다. 장점은 주기적 공황과 장기불황이라는 구조 위기를 지연시킬 수 있다는 것이고, 단점은 지연시킨 결과 더 심각한 새로운 위기가 초래되었다는 것이다. 바로 우리가 잘 알고 있는 '리먼브라더스Lehman Brothers' 금융위기 사태*처럼 말이다.

미국의 경우를 보더라도 탄탄한 해외시장을 보유하고 있어도 생산과잉 문제는 촉발될 것이고, 이는 내수시장에도 영향을 미칠 수 있다는 것을 알 수 있다. 내수시장 활성화를 통해 국가 경제를 공고히 하고, 해외시장 개척을 통해 발전을 도모하는 기조하에 내수시장의 위상을 높이도록 노력해야 한다.

장기적인 경제 활성화를 위한
최고의 해결책, 내수시장

내수시장의 직접적인 해석은 재미가 없을 수 있어 몇 가지 예를 들어가며 설명해 보고자 한다. 먼저 내수시장 진작에 실패한 사례로 제2차 세계 대전 이전의 독일의 상황을 꼽을 수 있다. 독일은

Chapter 4. 미래의 위기, 그리고 출구

제1차 세계 대전에서 패배로 인해 빚더미에 올라 국가 운영을 할 수 없는 지경에 이르렀다. 공장 등의 기반 시설은 아직 남아 있었지만, 이를 가동하기 위한 원자재를 살 돈이 없었다. 공장을 가동할 수 없으니, 고용률 또한 낮아져 시장이 순환되지 않아 갈수록 온 나라가 피폐해져 갔다. 그때 미국이 독일에 거액의 차관을 빌려주었고, 독일의 공장은 다시 돌아가기 시작했다. 생산된 물품은 일부는 독일 내에서 소화되고, 일부는 미국으로 갔다.

이 상황에서 독일은 전형적인 대외지향형 경제 정책을 세워 생산된 물건을 주로 해외시장에 판매하였다. 하지만 1929년 세계 대공황이 발생하자 독일은 큰 문제가 발생했다. 미국의 기업들이 대규모로 파산했기 때문에 미국은 더 이상 독일의 제품을 구매할 수 없었고, 이에 독일의 공장들은 가동할 수 없는 상태가 되었다. 그리고 이는 대량 실직 사태로 이어졌다.

혼란스러운 상황 속에 히틀러가 총리에 올랐다. 난국을 타개할 방법으로 히틀러가 생각해낸 방책은 '군수산업의 확대'였다. 국가는 국채를 발행하여 조달한 돈으로 군수산업에 투자하고, 군이 기

---

* **리먼 브라더스(Lehman Brothers) 사태**: 골드만삭스, 모건스탠리, 메릴린치에 이은 세계 4위의 투자은행(IB)으로 꼽혀온 미국의 리먼 브라더스(Lehman Brothers)가 2008년 9월 15일 뉴욕 남부법원에 파산보호를 신청하면서 글로벌 금융위기를 촉발시킨 사건이다. 서브프라임 모기지 부실과 파생상품 손실에서 비롯된 6130억 달러(약 660조 원) 규모의 부채를 감당하지 못한 것으로 역사상 최대 규모의 파산으로 기록되면서 글로벌 금융시장과 부동산시장에 엄청난 충격을 몰고 왔다.

업으로부터 군수품을 사들이는, 즉 유효 수요를 만들어 경제를 활성화하려는 방책이었다. 군비 확충은 전 세계가 채택하고 있는 경제 정책 중의 하나로 케인스* 경제학의 핵심이기도 하다. 하지만 문제는 '돈이 어디서 나오는가?'이다. 히틀러는 이를 타개할 방법으로 전쟁을 선택했다. 이미 군수사업 확충을 통해 수중에 총이 들려 있었고 먼저 체코를, 그다음에는 폴란드, 프랑스, 구소련 순으로 침공해 나갔다. 이는 바로 독일이 모든 해답을 밖에서 찾고 있는 해외시장 중심 경제의 국가라는 것을 뜻한다. 생산된 제품은 자국 내에서 소화시키지 못하고 결국 해외에 의존할 수밖에 없다. 대외 의존도가 높으면 문제가 발생하였을 때 자구책 마련이 제한된다. 독일의 무기들은 결국 해외로 가서 약탈하는 데 쓰이고, 이렇게 새로운 해외시장을 다시 형성한 것이다.

다음으로 내수시장의 예로 미국의 경우를 들어보겠다. 미국은 지속 가능한 발전을 위해서는 거대한 내수시장을 만들어 자국 내 소화 능력을 최대치로 끌어올려야 한다는 '내수시장의 중요성'에 대해 일찍 눈을 뜨고 해외시장에 대한 의존도를 낮추기 시작했다.

세계 대공황을 타개하기 위해 미국의 제32대 대통령 프랭클린 델라노 루스벨트Franklin Delano Roosevelt, FDR는 정부 주도의 인프라 구축 건설사업을 통해 고용시장을 활성화하였다. 루스벨트는 미국 역사상 가장 오랜 기간 재임한 대통령으로 국민에게 가장 많은 사랑을 받았다. 루스벨트의 정책 중 가장 위대한 업적으로 평가되는 것은 사회 전체의 안정적 운영을 위해서 거대한 중산층을 만들어 냈다는 것이다. 이를 위해 임금 인상과 복지 보장을 위한 정책을 폈으며, 인프라 건설 과정에서 독과점 기업들을 청산하고, 대기업에 세금을 부과했다. 이에 대항하는 세력에 맞서기 위해 미연방수사국 FBI^Federal Bureau of Investigation에 충분한 권한을 부여했다. 1929년 대공황이 시작되었을 때 미국의 빈부격차는 양극화 현상을 보였는데 루스벨트 대통령의 각종 정책 및 조치들로 소득 구조를 조정하는 법안들이 마련되었다. 그 이후로 미국은 거대한 중산층이 생겨났으며, 2008년 금융위기가 발발하기 전까지 상승추세가 유지되었다.

국가 경제발전에 국가가 개입하는 것은 효율성에 영향을 미친다. 그래서 하버드대 교수이자 경제학자인 그레고리 맨큐의 〈경제학 원리〉에서는 최저임금의 인상이 경제에 불리하다고 했다. 그러나 정치인들은 사회의 효율성만 추구하면 안 되기 때문에 문

---

* **존 메이너드 케인스(John Maynard Keynes, 1883년 6월 5일 ~ 1946년 4월 21일)**: 거시경제학과 경제 정책 분야에서 기존의 이론과 관습들을 변화시킨 영국의 경제학자다. '케인스 경제학'이라는 독창적인 이론을 창시해, 경기후퇴와 불황에 대해서 재정정책을 사용할 것을 강력하게 주장하였다. 경제 대공황 타개를 위해 금리 인하(통화정책)와 정부의 인프라 투자(재정정책)를 통한 해결책을 제시했다.

제를 좀 더 포괄적으로 이해해야 한다고 주장한다. 노인과 약자를 돌보지 않아 자발적으로 도태시킨다면 효율성은 높아지겠지만, 사회는 곧 파국으로 치닫게 되어 더 이상 효율성을 논할 수 없는 단계에 이르게 된다는 것이다. 그러나 단순히 '분배'만으로 이 문제를 해결할 수는 없다. 케이크 조각을 나누는 분배도 중요하지만, 나눠 먹어야 하는 케이크를 더 크게 만드는 것이 더 중요하다. 그런 면에서 미국이 제일 잘한 것은 '국가에서 민간으로'이다.

'국가에서 민간으로'는 무슨 뜻일까? 20세기에 들어서면서 기술은 나날이 복잡해지고 난도는 점점 높아져 민간 부분에서 연구개발을 진행하기에는 제약사항이 많아졌다. 예를 들어 20세기에 영향력이 가장 강했던 원자력, 컴퓨터, 인터넷과 유전공학 등의 핵심 연구는 모두 국가의 힘으로 자원을 집결시켜 만들어 낸 것이다. 시장경제의 힘으로 탄생하진 않았지만 이 기술을 국민들이 모두 사용할 수 있도록 보급화하는 데 일조했다. 국가는 세금을 통해 투자를 회수하고, 기업은 인력을 고용하여 일자리를 창출함으로써 사회적 효율성을 크게 향상시켰다.

미국은 시장경제의 원리를 효율적으로 운용하여 거대한 공업국에서 거대한 내수시장을 보유한 공업국으로 성공적으로 변모하였다.

과거의 답습은 위기를 초래한다.

익숙한 곳을 벗어나 어려운 길을 가야 한다.

복잡한 문제를 해결하는 힘이 바로 발전의 원천이다.

저성장 시대를 살아가는 법

'국채government bond'란, 중앙정부가 자금조달이나 정책집행을 위해 발행하는 만기가 정해진 채무증서다. 즉, 국가가 돈이 필요해서 발행하는 채권으로, 조세와 함께 중요한 국가 재원의 하나다. 상환 시기에 따라 5년 만기 국채는 5년 후에 갚고, 10년 만기 국채는 10년 후에 갚는 것으로 이율이 정해져 있다. 국채에는 마이너스 금리 국채도 있다. 10년 만기 국채 수익률이 마이너스라고 한다면, 내가 1억을 투자했을 때 10년 뒤엔 1억이 안 되는 돈으로 돌려준다는 뜻이다. 이런 이치로 10년간 물가상승률까지 고려한다면 손해가 상당한 건데 이런 채권을 사는 이유는 무엇일까? 먼저 채권금리가 떨어진다는 것은 국채를 사려는 수요가 많아져 가격이 크게 올랐다는 뜻이다. 금리가 떨어지게 되면 (-)의 폭이 더 커지게 되는데 이는 곧 채권 가격이 상승한다는 의미다. 즉, 만기까지 기다리지 않고 이 채권 가격이 오르면 채권시장에서 팔아 이익을 볼 수 있기 때문에 '금리가 더 떨어질 거야'라고 생각할 때 투자자들은 채권시장에서 팔아 매각차익을 남길 수 있어서 사는 것이라 할 수 있다.

유럽은 한때 중국의 마이너스 금리 국채를 많이 샀었는데 그 이유는 유럽이 마이너스 금리였기 때문이다. 예금 금리가 마이너스면 은행에 돈을 넣어두었을 때 수수료와 이자를 내야 한다는 뜻이다. 그래서 독일에서는 한동안 은행의 자산을 집의 금고에 보관하기 위하여 금고 품절 사태가 나기도 했다. 그런데 많은 자산을 계속 집에 보관할 수도 없고 이를 지키기 위한 보안팀을 고용할 수도 없다. 게다가 세계의 많은 국가들이 미친 듯이 화폐를 발행하는 반면 중국은 상대적으로 적게 발행하고, 위안화의 절상을 예상하기 때문에 중국 국채를 많이 사게 된 것이다.

지금부터는 마이너스 금리 상황에서 일어날 수 있는 상황에 대해 다뤄보고자 한다.

마이너스 금리는 어떻게 형성되는가

일본은 현재 많은 문제에 직면해 있다. 가장 큰 문제는 바로 일본 전체가 소비의 의지도, 창업의 도전 의식도 없다는 것이다. 소비 충동이 없는 것은 주로 고령화가 심한 것에 그 원인이 있다. 또 유동성이 극히 낮은 사회적 특성으로 인해 특별한 변화 없이 '그럭저럭 살아가는' 현실에 안주하는 경향이 있다.

일본인들은 20세기 급속한 경제 성장으로 질렸다고들 표현한다. 다음 세대 교육과 필사적으로 일하던 그 모습에 현재의 젊은 이들은 아이를 낳고 싶어 하지도, 어느 한 회사에 매여 출근하고 싶어 하지도 않는다. 요즘 이런 모습은 중국과 한국에서도 나타나고 있는데, '결혼 포기', '아이 포기', '취업 포기', '연애 포기', '자가 구매 포기' 등 4포 세대, 5포 세대가 등장하는 것은 고단한 현재 생활에 대한 방증이다.

또 미니멀리즘이 유행하고 있는데 본질은 '성적 냉담주의'라고 한다. 유럽은 복지혜택이 너무 좋아서 필사적으로 산다는 것의 의미를 잃어가는 반면, 일본은 또 다른 극단으로 치닫고 있는 셈이다. 유럽과 일본 모두 아이를 낳지 않으려는 경향은 뚜렷하다. 아이를 낳아 키워본 사람은 알겠지만 가정에서 소비하는 돈의 중심은 언제나 아이다. 일반적으로 성인들은 씀씀이가 크지 않다. 나와 같은 엔지니어 집돌이들은 평소 차에 기름을 넣고 전자제품을 사는 것이 전부다. 전자제품도 세대교체가 없다면 자주 바꾸지도 않을 것이다. 여성들도 마찬가지다. 젊을 때는 돈을 많이 쓰다가 나이가 들수록 돈을 쓰는 욕구도 눈에 띄게 줄어든다. 그러나 아이가 생기면 달라진다. 대부분의 가장은 아이에게 돈을 쓰는 데 인색하지 않다. 비싼 사교육비, 해외여행, 명품 쇼핑 등 아끼지 않는 풍조가 만연해 있다. 아무리 경제적 여유가 있다고 하더라도 아이한테 쓰는 돈은 늘 부족하기 마련이다.

경제발전을 촉진하는 계기에는 스마트폰, 인터넷, 자율주행과 같은 테크놀로지의 등장도 있다. 새로운 테크놀로지의 등장은 사회 전체를 새롭게 하고 대대적으로 소비를 일으켜 경제발전을 촉진할 수 있다. 10년 전 스마트폰이 처음 등장했을 때 사회 전체가 노키아를 버리고 스마트폰을 구입했던 것처럼 소비 광풍이 불 수 있다. 그 후 모바일 인터넷의 등장으로 시장이 활성화되었지만 지금은 확연히 느려졌다. 스마트폰은 더 이상 업데이트할 만한 새로운 기능이 추가되지 않는다. 한 대의 스마트폰을 5년 넘게 사용하는 사람도 있으며, 새로 구입하지 않으면 스마트폰 업계의 성장세도 둔화될 것이다.

여기까지 정리해 보면 경제는 결국 소비에 의해 움직이고 최종 소비의 동력은 주로 세 가지에서 온다는 것을 알 수 있다. 첫 번째 동력은 '아이'이고, 두 번째 동력은 '젊은 여성', 세 번째 동력은 '새로운 기술의 등장'이다. 일련의 분석을 통해 '인구의 고령화, 저출산, 기술의 침체'로 구성된 사회는 구매력, 즉 소비의 능력이 부재하다는 것을 알 수 있다. 소비동력이 부족한데다 창업 의지도 없기 때문에 경제 상황은 호전되지 않는다.

일본은 1980년대 말 경제 버블이 붕괴된 이래 줄곧 경제 성장 속도가 둔화되었다. 또 최고의 기술을 자랑하던 일본 제품들은 점점 자취를 감추고 있다. 다른 국가들이 모두 인플레이션을 두려워하고 있을 때 일본은 소비를 장려한다. 지금 사지 않으면 내일은 더 오른 가격에 사야 한다고 선전하여 소비를 촉진시키는 것이다. 그러나 일본 국민들은 세상에 달관한 사람들처럼 미니멀리즘을 수행하고 있다. 연애도 포기하고, 결혼도 포기해 정부가 발행한 화폐는 은행 금고에 쌓여만 간다.

유럽과 일본을 자세히 들여다보면 서로 다른 길을 가고 있지만, 눈에 보이는 현재 상태는 매우 비슷하다. 소비 의욕이 매우 낮고 아이 낳기를 거부하며, 창업에 대한 도전 의식도 낮다. 모두 돈을 쓰지 않으려 하는데 생산한 제품을 누구에게 팔 수 있겠는가?

결국 은행은 이자를 받지 않고 돈을 빌려주려 하지만 이마저도 모두 거부한다. 은행은 사람들이 돈을 쓰도록 강요하기 위해 금리를 마이너스로 낮추지만 그럼에도 돈을 맡긴다면 관리비를 받는다. 이런 상황이 되면 아무도 돈을 쓰지 않는다. 소비가 사라지니 누구든 창업을 하면 스스로 무덤을 파는 꼴이 되기 때문에 아무도 돈을 빌려 창업을 하려하지 않는다.

유럽과 일본의 대출금리는 낮아서 기본적으로 무이자 대출에 해당하지만 아무도 대출을 받지 않는 것이다.

마이너스 금리 시대를 한마디로 표현하면 성장이 더딘, 아니 거의 멈춘 '무성장 시대'를 의미한다. 사실 역사적 관점에서 볼 때 세계는 줄곧 하나의 사이클에 놓여 있다. 쇠퇴, 회복, 부상㿆上, 심지어 금리의 등락까지도 밀물과 썰물처럼 흘러가고 있다.

하지만 우리는 계속 살아가고 앞으로 나아가야 한다. 그러니 세상의 참혹함을 알게 되어도 낙관적이고 발전적인 태도를 유지하는 것이 중요하다.

에필로그

인간의 행동양상은 세 가지 주된 요소로부터 흘러 나온다.
욕망, 감정, 그리고 지식이 바로 그것이다.
플라톤

나는 젊은 시절에 10개의 일을 하면 9개는 실패했다.
그래서 일하는 양을 10배로 늘렸다.
조지 버나드 쇼

조금 아는 바가 있다 해서 스스로 뽐내며 남을 깔본다면,
장님이 촛불을 들고 걷는 것과 같다.
남은 비춰주지만 자신은 밝히지 못한다.

법구경